Peace Studies

国境を越える人びと

People Across Borders

日本平和学会編

早稲田大学出版部

**People Across Borders,
Peace Studies Vol. 53**

The Peace Studies Association of Japan
email: office@psaj.org
http://www.psaj.org/

First published in 2019 by
Waseda University Press Co., Ltd.
1-9-12 Nishiwaseda
Shinjuku-ku, Tokyo 169-0051
www.waseda-up.co.jp

© 2019 by The Peace Studies Association of Japan

All rights reserved. Except for short extracts used for academic purposes or book reviews, no part of this publication may be reproduced, stored in a retrieval system, or transmitted in any form whatsoever—electronic, mechanical, photocopying, or otherwise—without the prior and written permission of the publisher.

ISBN 978-4-657-19024-6
Printed in Japan

巻　頭　言

国境を越える人びと

はじめに

　一年かけての準備をして，53号はようやく発刊する運びとなった。本号当初の特集テーマは「国境を越えて移動する人びとの人権保障」の予定であった。そこで意識したのは，アメリカ・メキシコ国境の壁建設やヨーロッパ各地に高まる移民・難民流入への強い反発，イスラエルによる「分離壁」の建設が象徴するような，国境（境界）を越えた人びとの移動に対する近年の国際社会に見られる強い反発といった現象への検討である。第二次世界大戦後，国際社会の大きな流れはEUやASEANと言われるように，かつてのような国家による主権の張り合いではなく，国境の垣根を低くし，人・モノ・金の流れをよりスムーズにする，という国際協調路線が本流のはずであった。ならば，冷戦崩壊30年も経つ今日，なぜ「自国第一」が殊更に強調されるようになったのか。そのような政治的うねりの中で，世界各地に増えている人びとの移動，とりわけ，難民や外国人労働者など国境を越える人びとの移動がどのような状況に置かれ，いかなる改善が必要なのか。このような意識で本特集を準備する中で痛感したのは，今日の国際社会における多様な国境を越える人びとの移動に対する詳細な検討は今回の特集の編集能力を超えるものであり，各々の問題・地域に対してより時間をかけた緻密な検討が必要だということであった。加えて，編集上の技術的観点からも特集のタイトルがよりコンパクトの方が良い，と

i

いう考えをも吟味し，本号は最終的に「国境を越える人びと」という形へ変更した次第である。タイトルこそ修正したが，本特集の「初志」は大きな変更がなく，特集の依頼論文3本が示すように，それぞれ北米や北欧，南アジアにおける人びとの国境を越える最近の動きや権利保障の議論が取り上げられている。

　本巻頭言では，依頼論文で提起された諸問題を含め，国境を越える人びとの権利保障を論じることの意義を考えるため，まず，「世界史」というより大きなタイムスパンの中で人びとの「移動」の意義を位置づけてみたい。これを通して，歴史における比較的「自由の移動」が「国境を越える」ものへという「不自由な移動」へ変わったことを提起させていただきたい。その上，アメリカ，ヨーロッパ，更に中東パレスチナ・イスラエルの現状を事例に，今日の流行となっている「自国第一」の問題を指摘し，それに対する国際法と私達「市民」の可能性について意見を述べさせていただく。巻頭言の最後に各依頼論文や投稿論文の内容についてごく簡潔に紹介をさせていただきたい。

1　「移動」は世界を作り，また世界を変える。

　この「節」のタイトルは今回の特集に対する編者の正直な感想の一つである。
　「国境を越えること」の社会的意義は様々なレベルで論じることが可能であるが，この行為の最も基本的要素は「移動」することであると指摘できよう。人類の歴史を振り返ると，人びとの移動，とりわけ集団としての移動は地域の歴史を作り，また，歴史の流れを変えてきた場面が少なくない。移動についての世界史に関心のある人なら，すぐ4世紀の欧州における様々な民族集団のことを脳裏に浮かべるであろう。紀元375年に始まるかの有名な「フン人」の大移動をきっかけに，ヴァンダル人，ブルグンド人，フランク人，西ゴート人，東ゴート人等の集団移動が（西）ローマ帝

国の終焉をもたらし，ヨーロッパを「中世」の時代に推し進めたと多くの歴史学者は指摘する。ヨーロッパ「中世」が「暗黒」だったかは今日，もはや意味のない議論のようであるが，世界史を振り返ると，紀元4～5世紀におけるこの欧州の「民族大移動」は，人びとの移動が歴史の流れに大きな影響を与えた最も顕著な事例の一つである，と言えるかもしれない。

「欧州中心史観」の誹りを承知の上，更にその後のヨーロッパの動きを見ることにする。「中世」が千年も経った時のヨーロッパ人の動きは，その後の，現在の私達を含めた世界全体に大きな影響を与えることになった。15世紀の後半にポルトガル，スペインを中心とした探検，とりわけコロンブスの探検・「新大陸発見」は，振り返れば，近代の海を越える人びとの移動の幕開けとなった。1776年のアメリカの独立をはじめ，19世紀初頭のハイチやその後の中南米諸国の相次ぐ独立及びヨーロッパ諸国の承認を通して，この15世紀末に始まる新旧大陸間の「海を越えた人びとの移動」は，それまでのヨーロッパ人の「国際社会」とは大きく異なる地球大の国際社会を作り上げ，その意義の大きさは更に以下のように指摘できよう。

まず，15世紀末に始まったこの人びとの移動は今日の南北米州社会に多くの国を生み出し，その中に特に近現代国際社会の文明発展に「アメリカ合衆国」の果たした役割を考えれば，15世紀末からの大移動はこれまでの世界史の中で人類がなした一つの大きな「偉業」だと言えるかもしれない。個々の事例において，時の世俗的また宗教的権力者からの迫害や飢饉から逃れようと，やむを得ず移動したという側面も当然あったが，総体的に見ると，ヨーロッパ人の新大陸への移動は「自主的移動」だったと言ってよいであろう。とりわけ，到着先に国家による検問もなく，或いはアメリカ建国後の長い間に概ね移民を歓迎していたということを考えると，ヨーロッパから大西洋を越え，米州への移動は「自由な旅」だったと言えるかもしれない。

一方，私達はこの大移動を謳歌するばかりではなく，この世界史的「偉業」に幾つもの負の側面を帯びていることも直視すべきであろう。まず，

この何世紀も続いた地球規模の大移動の多くはヨーロッパ人の新大陸へのものであったが,「奴隷貿易」と言われるようにアフリカからも多くの黒人が強制の形で米州へ連れて行かれた。イギリスとアメリカは19世紀初頭,相次ぎ奴隷貿易禁止政策を打ち出し,その理由は様々あるが,当時ですらやはりこの強制移動行為の非人道性に咎めを感じたのであろう。黒人に対するこのような強制移動は後のアメリカなどにおける人種差別の社会環境を作り出したことはいうまでもない。第二に,ヨーロッパ人の新大陸への移動は現地住民であるネイティブ・アメリカンの生活・生態環境,果ては運命を大きく,かつ悲惨な方向へ変えていた。白人との戦いに敗れた先住民族たちは徐々に自分たちの土地を手放すことが余儀なくされたが,19世紀に入って,アメリカ政府から「強制移住」を命じられると,多くの先住民族は先祖代々住み慣れた土地から,何百,何千キロも離れた,過酷な西部の荒野に移動せざるを得ない「涙の旅路」に追いやられていた。更に,「通常」の世界史でややマイナーな扱いになるかもしれないが,次の一コマもあったことはやはり忘れてはならないであろう。即ち,コロンブスの「新大陸発見」——近代ヨーロッパ人の大移動の幕開けと同じ年に,イベリア半島に何百年も住み慣れたユダヤ人が「改宗」か「退去」かをキリスト教の国王に迫られ,「改宗」を拒む多くのユダヤ教徒が北アフリカ・中東のムスリム社会やオランダなどへ移動せざるを得ず,「バビロンの捕囚」に劣らない「ディアスポラ」の一コマとしてユダヤ人の記憶に刻まれることになった。このように,ヨーロッパ人の移動を中心に世界史を振り返る時,特に近代前期に入ってからの「移動の不条理さ」,「移動の非人道性」の面々も私達は肝に銘じるべきであろう。

2　パスポート,入国管理,難民条約——「国境を越える」移動へ

権力者の迫害や飢饉など,やむを得ず移動する事例が古今東西無数にあるが,身分証明書の携帯が求められない,移動先では厳しい検問,審査が

行われなかった，という意味で古代は勿論，大航海時代以降の近代前半においても，移動は総じていえば比較的自由であった。しかし，19世紀以降，近代主権国家体制の発達に伴い，人びとの移動に制限が加えられ，陸上，洋上を問わず，移動の多くは「国境を越える」性格を帯びるようになった。

ジョン・トービーの指摘によれば，今日的意味での「外国人」の概念はフランス革命の中で確立され，フランス人の外国への移動また外国人のフランスへの移動は既に絶対主義時代に使われていた「パスポート」の携行が求められることになった。しかし，19世紀の長い間における移動の「本流」，つまり，欧州から米州大陸への移動はアメリカ合衆国の「西部」への拡張に伴い，常に歓迎されるものであり，移動の送り出し側と受け入れ側のいずれにも「主権」の発動による制限などの発想が現れてこなかった。阿部浩己の指摘によれば，今日的意味において外国移民をコントロール，制限するという政策を主権国家の国際法における「当然の権利」として打ち出すのは，19世紀後半のアメリカが最初であった。大陸横断鉄道の建設ラッシュで中国人労働者をはじめとするアジア系移民が19世紀半ばからアメリカに入るようになり，増え続けるこれらの移民を制限するため，1889年の「中国人入国拒否事件」をはじめとする一連の訴訟において，アメリカ連邦最高裁は外国人の受け入れ禁止や受け入れの条件設定が「主権国家の固有の権限」であると断じたのである。阿部は，このような結論を導くための歴史的・実証的根拠が大変片面的で不正確なものであるにも関わらず，後に英国，カナダなどの裁判所にも引用されるようになり，世界各地の司法判断や行政実務に大きな影響を与えることになったと批判している。このように，アメリカは自由，民主主義や人種のるつぼを国家の基本的価値と自認する一方，人びとの移動に対する人種差別的ブレーキを国際法，国家主権といった普遍的ルール，概念で正当化していたのである。

19世紀の移動においてパスポートの携行や入国検問が整うようになったならば，20世紀はかつてない「民族の覚醒」の時代であるだけに，戦争のあとに続く新国家の誕生や国境線の変更によって，人びとの移動は多くの

場合，民族の「集団的悲劇」を意味するものであった。たとえば，二次の世界大戦とも「敗戦国」となったドイツの場合，敗戦に伴う国境線の引き直しと国土の縮小によって，中世から開拓，生活していた「東方領土」から多くのドイツ系住民が戦後のドイツ（第二次世界大戦後は「西ドイツ」）に「戻らざるを得ない」という悲惨な戦後を体験することになった。このような「民族大移動」の悲劇はドイツのような敗戦国に限らず，戦勝国の連合国側にも見られていた。第二次世界大戦後に英国が南アジアから引き上げ，現地はインドとパキスタンとして独立を果たしていたのだが，イン・パ両国の分割・独立において，主に宗教で分類された人びとがそれまで長年住み慣れた故郷を追われ，宗教をベースにした自分たちの「祖国」に移動せざるを得なかった。しかし，ヨーロッパ大陸のドイツ人や南アジア大陸のインド人，パキスタン人にもまして，第二次世界大戦中のユダヤ人の運命は悲惨を極めるものであった。というのは，彼らには目指す「祖国」という場所がなく，1940年代前半の上海に一時「リトルウィーン」と言われるほど，数万人ものユダヤ人が一時滞在していた。ナチスからの死を逃れるため，行ける所ならどこでも向かっていったのである。彼らの「移動」は正に「死の逃避行」，「生への希求」というべきであろう。その逃避行すら成し遂げられない人たちはナチスによって強制的に「移動・収容」され，最後は悲惨の結末——ホロコースト——を迎えるしかなかった。

　20世紀後半における「国境を越える人びと」に対する保護体制は大戦中のホロコーストを含め，20世紀前半の多くの悲劇から学ぶ側面を有したものであるが，すぐやって来る次の時代——冷戦というイデオロギーを帯びた東西対立に翻弄されるものでもあった。1948年の世界人権宣言に続き，国連は1949年に難民高等弁務官事務所（UNHCR）を設立し，翌年に難民条約の採択を行い，当時ヨーロッパを中心にあふれていた難民問題の解決にとりかかろうとしていた。同条約におけるノン・ルフールマン原則の確立は今日，国際難民法の基本原則となり，難民条約それ自体は冷戦時代において，東欧社会主義諸国から西側資本主義諸国へ政治亡命を求める，と

いう「東西間の移動」に対してそれなりの役割を果たしたことも評価して良いだろう。しかし，1960年代以降，非植民地化運動の高まりによって，多くの植民地が独立し，貧しい「南の国」から豊かな「北の国」へ移動が増えたが，難民条約や先進諸国の対応が消極的であることが徐々に現れることになる。次の3節で述べるように，冷戦終了後，「南の国」における国家破綻や民族・地域紛争の結果，大量の難民が一層北の先進国へ流出することにつれ，国際難民法や北の先進国，国連などの取り組みの不十分さが一層露呈することになるのである。

3 「新たな壁」の時代か
──21世紀における「国境を越える移動」への展望

　移動をキーワードに考える場合，2019年は節目の年である。30年前の11月に冷戦対立の象徴である「ベルリンの壁」が東西ドイツ市民の手で打ち破られ，その後，東欧諸国は立て続けに体制の崩壊を経験し，最後は社会主義の「総本山」であるソ連も体制崩壊と国家の解体を余儀なくされた。冷戦崩壊後に最も使われる表現の一つはグローバル化或いはグローバリゼーションであった。元東欧諸国が相次ぎEU加盟を果たしたことが象徴したように，国境を越えた人，モノ，金の移動が一層スムーズになっていた。しかし，冷戦後に進行してきた国境の垣根を低くする流れに対して，近年は明らかに逆流が発生している。下記のように世界で新たな壁が作られつつあるという状況を考えると，30年前の「壁の崩壊」を無邪気に記念，謳歌する気分にはならないのは編者の率直な気持である。

1 アメリカにおける「壁建設」

　近年の壁作りブームのリーダー国は言うまでもなくアメリカである。不法移民対策として既に選挙期間中にアメリカ，メキシコ間の国境地域に壁を作ることを主張したトランプは2016年11月に大統領に当選すると，地球

環境保護を目的とするパリ協定の離脱や諸外国に対する一方的関税引き上げなどの「アメリカ第一」措置と並べ，アメリカ・メキシコ間の壁建設を最重要政策の一つとして据え続けている。そのための予算を獲得するため，昨年，大統領はアメリカ議会との対立にも意を介さず，一部の「政府閉鎖」状態が起きるまで議会との「闘争」を行っていた。昨年に続き，2020年度の壁建設予算として，大統領は昨年の57億ドル（約6,300億円）を上回って，1.5倍の86億ドル（約9,600億円）の予算要求を発表している。壁建設と並んで，トランプは大統領就任後間もなく，テロリストの入国防止として，イラク・イラン・リビア・ソマリア・スーダン・イエメンなどムスリム7カ国出身者のアメリカ入国を禁止する大統領令も打ち出している。この露骨な差別措置の可否をめぐる対立が早速法廷闘争にも発展し，複数の連邦地方裁判所から大統領令の一部停止や一時執行停止の命令が下されたものの，2017年6月に，アメリカ連邦最高裁は5対4で（内容を修正した）大統領令の執行を認める判断を下したのである。今後，アメリカに再び「政府閉鎖」の事態が繰り返されるのか予測しかねるが，アメリカ政府による排他的色彩が強い政策の実施と司法府による是認はアメリカ一国における様々な形の壁建設だけではなく，諸外国にも波及しないか危惧せざるを得ない。

2　欧州における「新たな壁」

本節の冒頭でも述べたように，30年前の11月，ベルリンの壁は崩壊し，東欧諸国は冷戦という時代の終了と冷戦後時代の到来を迎えることになった。1961年にベルリンの壁が作られてから1989年の崩壊まで，壁を越えるための死者数について百数十名から千名近くまでとの諸説があるが，冷戦時代の欧州において，「東から西へ」の国境を越えることは単なる不法入国として片づけられず，命がけそのものであった。戦間期におけるユダヤ人迫害，虐殺への反省もあって，西ドイツをはじめ，冷戦時代のヨーロッパはこのような東から西への人びとの流れに総じて暖かく受け入れていた

と言えよう。

　ベルリンの壁崩壊30周年に因んで報道された NHK の番組や朝日新聞の特集記事にも取り上げられたように，冷戦終了後のルーマニアなどの東欧諸国はドイツ，フランス，イギリスなど西欧諸国へ高賃金の仕事を求める多くの人が流出し，深刻な人口減少現象が起きている。冷戦後の今日，東欧から西欧への移動がもはや同じ EU という枠組み内における「南から北へ」の性格を持つものとなっている。このような EU 域内の「南北間の移動」に加えて，アフリカ，中東といった「グローバルな南」における国家破綻や内戦で作り出された大量の難民が怒涛のように陸海両方からヨーロッパへ流入してきたのである。このように，EU 域内外の南からの人びとの移動は近年ヨーロッパ各国に深刻な拒否反応を引き起こすことになった。

　ヨーロッパ議会選挙をはじめ，各国の国内選挙でも度々移民排斥や反 EU・EU 懐疑的政党の躍進が伝えられているが，過去 3 年間で，ヨーロッパ社会全体を巻き込む最も大きなイシューは何と言ってもイギリスの EU 離脱を挙げるべきであろう。2016年 6 月，国民投票で僅差による EU 離脱を決めたイギリスはその後，離脱の条件をめぐる EU との交渉の難航もさることながら，イギリス国内における政党間や与党内の激しい対立により，首相こそ 3 人も交替したものの，今日（2019年11月）に至って離脱が出来ていない。もっとも，イギリス，アイルランド間に EU 加盟前から「共通往来地域」という人の自由往来の枠組みがあり，EU 離脱後も維持されるので，本特集が取り上げる人びとの「国境を越える」問題ではなく，もっぱらイギリスが EU 単一市場と関税同盟をどのように離脱するか，いわばモノの自由移動をめぐる対立だけであると言えなくもない。しかし，庄司克宏が指摘するように，イギリス，アイルランドの EU 加盟が20年前の北アイルランド和平合意の後押しをしていたので，イギリス離脱後のモノをめぐる「国境の壁」がどこで，どのように作られるのかによって，北アイルランドとアイルランドにおける和平の崩壊，それによってより大きな人びと間の分断も惹起しかねない。このように，主権を取戻し，冷戦後

に加盟した東欧諸国からの低賃金労働者や，アフリカ，中東などからの難民，移民の扱いに対して，より主体的に決められる——より自由にイギリスへの入国を拒否する「壁」も作られる——ための離脱のはずであったが，離脱するための「新たな壁」作りに足がすくわれ，混迷が深まるばかりでいる。

3　中東における「分離壁」

　様々な国境を越えるケースのうち，ここでぜひ言及させていただきたいのはイスラエルが作った「分離壁」である。テロからユダヤ人の安全を守るという理由で，2002年から作り出したこの「分離壁」の予定総延長は700キロメートル強で，現在既に九割が完成していると報道されている。この壁建設に対して，国際司法裁判所は既に2004年に勧告的意見を出し，壁建設が国際法，国際人道法に違反しており，工事を速やかに停止すべきであり，作られた場所についても原状回復すべきであるとの見解を示したが，イスラエル政府はこれを無視し続けている。

　「分離壁」の建設によってパレスチナ人の多くの村が分断され，子供の通学や成人パレスチナ人の通勤に大きな負担を強いることになった。編者が毎年引率する大学生の中東校外実習でイスラエル側のチェックポイントを通過し，西岸地域やベツレヘムに入る時に目にした光景だけでも，この壁がいかにパレスチナ人に対して人権侵害，植民地的支配を行っているのかを考えさせられる。外国人観光客が比較的に簡単な手続で「通関」するのだが，日雇い労働で西岸地域からイスラエル側に入る朝，またイスラエルからパレスチナに戻る夕方に厳しい検査を順番待ちするパレスチナ人の長大な列が，聳え立つ「分離壁」以上に，分断の不条理を訴えているように見える。

　以上のように，アメリカをはじめ，21世紀の世界は様々な形で新たな壁作りを競うようになったようである。このような事態が何を意味し，私達

がどう向かうべきかについて,編者は次の三点を述べたい。まず,このような事態は「国際協調」を基調とする20世紀の国際関係の基本構造を破壊するものであり,従って,大変深刻であると認識する必要があろう。二次の世界大戦後に人類がそれぞれ普遍的国際組織である国際連盟,国際連合を立ち上げ,その後もEC/EUが続いたように,20世紀の国際社会はもはや主権国家の張り合いではなく,「主権の共有」などの考えも取り入れ,主権国家をベースにした「国際協調」が国際関係の基軸となってきた。従って,各国,とりわけ大国による壁作りが国際社会全体の安定を脅かすだけではなく,国際社会における大国自らの指導的地位も失うリスクがあるだろう。第二に,このような壁作りの危険性を認識し,それを阻止するための「市民」として行動する必要があり,また行動する意味も十分ある。対人地雷禁止条約や核兵器禁止条約などの締結過程が示すように,冷戦後にNGOや市民が先に行動し,国家・政府を動かして,国際法を形成していく,という事例が増えてきている。「国境を越える人びとの移動」についても日本を含めた国際社会の市民・NGOの強い連帯があれば,国際社会はより時代に相応しく,実態に即した「国際難民法・移民法」の構築が可能であろう。第三に,二点目と関連することだが,編者から見れば,深刻さを増す国境を越える人びとの移動,特に難民・移民問題に対処するため,「国際難民法・移民法」のパラダイムの転換がもはや不可欠である。それはとりわけ以下の二点において求められよう。一つは,難民の認定,受け入れにおいて,「国家の権利」から「個人の権利」への転換が必要であろう。戦後の国際人権法の目覚ましい発展や近年の「移民及び難民のためのニューヨーク宣言」に見られるように,人びとの国際的移動に対する国家の人権保障義務がより強調されるようになったものの,難民の認定やその他の様々な扱いについて基本的に主権国家の管理権限であるとされている。国家による恣意的判断ではなく,「いかなる国家からも奪われてはならない個人の権利」に立脚した国際難民法・移民法の再構築が必要であろう。もう一つは,「東西」の軸（だけ）ではなく,「南北」の軸に基づく

難民,移民保護制度の構築である。難民問題を「東側の独裁からの救出」という冷戦アプローチに閉じ込めず,もう一つの大きな「南北問題」として,「北側の特別責務」などのアイデアも取り入れた規範作りが求められよう。

おわりに——本号掲載諸論文の内容紹介

聊か「評論家」めいた議論を述べたが,ここで本号の依頼論文及び投稿論文の内容についてごく手短に紹介させていただきたい。

木村論文はインド北東部アッサム州の流入「外国人」の扱いを検討した一篇である。茶園開発の関係で同地域へのムスリム,ヒンズー教徒,ネパール人の流入が既に英国統治時代から始まり,1947年のインド独立時に同州はその人口の半分弱が既に「よそもの」となった。1970年代バングラデシュ独立後の更なるムスリムやヒンズー教徒の流入に伴い,アッサム州の「反外国人運動」も益々強くなり,1980年代に至って一日に2,000人ものムスリムが虐殺されるまで過激化していったのである。このような大きな社会問題となる「外国人問題」に対処するため,インド政府及びアッサム州政府が「外国人」の拘留措置に踏み切る一方,全国市民登録簿（NRC）措置を通して,外国人の選別,管理の強化を図ろうとしている。木村は前者の拘留措置がいかに恣意的で人権侵害を引き起こしているかをアムネスティ・インターナショナルの報告書などを通して明らかにし,後者のNRC措置について各政党や各エスニックグループの受け止め方への分析を通して,アッサムにおける不法移民流入問題に終止符を打つ可能性を仄めかしてくれた。多様な民族・宗教を抱える南アジア大陸,特にインド北東部における人びとの「国境」を越える移動についての氏の研究は,大変貴重であると評価したい。

小坂田論文はスカンジナビア半島三カ国とロシアに生活する先住民族であるサーミ族の越境を含む諸権利の発展を2005年のサーミ条約草案を通し

て考察した一篇である。同条約案の下で，国境をまたがって生活する先住民族サーミが「一つの民族」として認められ，彼らは国際法上の自決権を有すると確認された。2007年の国連先住民族権利宣言の下における先住民族の自決権など諸権利の行使が「ナショナル」な性格であるのに対して，サーミ条約案では，サーミが国境により分断された民族との理解の下で，彼らの国境を越えた協力関係や活動を可能にすべく，国境による障害を最小限にする必要性が確認されている。そのために，条約案は三カ国にまたがる彼らの共同組織であるサーミ議会の設置をはじめ，彼らの最も重要な生業であるトナカイ放牧の越境，更に教育，医療サービス，社会サービスの享受やサーミ語による情報提供等多くの分野における国境を越えた活動の実施を北欧三カ国の義務またはサーミの権利として認めている。小坂田論文は現代国際法における先住民族の権利発展を考える上でも勿論貴重な研究であるが，「国境を越える人びと」とする本号の特集としても大変興味深い事例を提供してくれたと評価したい。

　藤本論文はカナダのトロント市の聖域政策（Sanctuary Policies）の実施をめぐる最新の動きを検討したものである。中世キリスト（カトリック）教会が世俗権力から犯罪者扱いされた者に与えた庇護（sanctuary）を起源に，現在，国家から難民として認定されなかった人や不法移民にも一定の社会的サービスを提供する地方自治体が聖域都市（Sanctuary City），その取り組みが聖域政策と呼ばれ，現在アメリカ，カナダを中心にこのような自治体が300を超えると言われている。トロント市議会は2013年から一連の決議を通して，完全な証明書を持たない外国人が市の提供する様々な社会福祉を受けられるようにしており，その中で市が収集した外国人の在留関連情報をカナダ連邦政府の不法滞在者向けの国外退去政策に利用されないよう工夫されている。自国第一や国家主権の強化がグローバルに叫ばれている今日，トロント市のこのような動きは，国家主権を相対化する一つのユニークな試みとして評価したいし，日本における外国人，特に「不法在留者」の扱いを考える上でも大変参考になるのではと願っている。

本号は依頼論文のほか，更に三篇の投稿論文と一篇の書評が掲載されている。瀬戸・藤田論文は対人地雷禁止条約とクラスター爆弾禁止条約を素材に，両条約成立後の履行過程を検討することで，条約のもたらす国際社会へのインパクトを明快に分析した一篇である。条約の成立過程を重視するこれまでの研究傾向を考えると，両氏の研究の独自性を高く評価したい。杉浦論文は途上国における民主化支援の直面する困難と課題に分析した一篇であるが，先進国を含めて民主主義の危機が叫ばれている今日，タイムリーで重要な研究である。平林論文はセミパラチンスク核実験被災者のうち，特に子どもたちが過去に実施された核実験によりどのような影響を受けているのかを明らかにする一篇である。氏の研究は被験者との信頼関係の中で得られたかけがえのない証言に基づいており，被災者にとって核実験とはどのようなものであったのかについて，平和研究の根源的な問題を考える上での大事な研究であると評価したい。最後の福島書評は，国際法学者西平等の大著である『法と力──戦間期国際秩序思想の系譜』（名古屋大学出版会，2018年）を大変的確に紹介，論評した一篇である。この書評を通して，多くの方にぜひ西平等の大著を読まれ，揺らぐ今日の国際秩序についても考えていただきたい。最後になるが，今回の特集に投稿し，最終的に掲載できなかった方にもお礼申し上げたい。特に若手からの投稿はロヒンギャ問題や国際立憲主義，「難民と移民に関するニューヨーク宣言」など，大変タイムリーで重要なイシューを取り上げていたことを高く評価し，巻頭言の締め括りとしたい。

参考文献

阿部浩己「グローバル化する国境管理」『世界法年報』第37号，2018年。
阿部浩己「人権救済の逆説——欧州人権裁判所における国境管理の位相」『神奈川法学』第51巻第3号，2019年。
ギアリ，パトリック（鈴木道也他訳）『ネイションという神話——ヨーロッパ諸国家の中世的起源』白水社，2008年。
貴堂嘉之『移民国家アメリカの歴史』岩波書店，2018年。
庄司克宏『ブレグジット・パラドクス——欧州統合のゆくえ』岩波書店，2019年。
昔農英明『「移民国家ドイツ」の難民庇護政策』慶應義塾大学出版会，2014年。
トーピー，ジョン（藤川隆男監訳）『パスポートの発明——監視・シティズンシップ・国家』法政大学出版局，2008年。
本間浩『国際難民法の理論とその国内的適用』現代人文社，2005年。
宮島喬・佐藤成基共編『包摂・共生の政治か，排除の政治か——移民・難民と向き合うヨーロッパ』明石書店，2019年。

2019年11月

孫占坤［明治学院大学＝国際法］

目　次

巻　頭　言
国境を越える人びと
　　　………………………………………………………孫　占坤　i

● 依 頼 論 文

1 インド・アッサム州における人の移動と人権保障
　　全国市民登録簿（NRC）更新問題を中心に………木村真希子　1

2 先住民族の国境を越えた連帯
　　2005年北欧サーミ条約案の意義と直面する困難性………小坂田裕子　17

3 カナダ・トロント市の聖域政策………………………藤本晃嗣　35

● 投 稿 論 文

4 対人地雷・クラスター爆弾禁止条約の非原加盟国に対する
　影響の考察
　　人道規範は軍事安全保障の論理を越えたのか…瀬戸達也・藤田泰昌　51

5 民主化支援の今日的課題
　　市民社会スペースの制約の問題を中心に……………杉浦功一　71

6 セミパラチンスク地区に居住する子どもとその保護者の
　核実験に対する認識について……………………平林今日子　89

● 書　評

法と力の二律背反を超えて……………………………福島涼史　109
　　西平等『法と力——戦間期国際秩序思想の系譜』名古屋大学出版会，2018年

日本平和学会の研究会活動……………日本平和学会事務局　115

SUMMARY ……………………………………………………　122

編 集 後 記……………………………………………………　128

日本平和学会設立趣意書

日本平和学会第23期役員

日本平和学会会則

● 依 頼 論 文

1 インド・アッサム州における人の移動と人権保障

全国市民登録簿（NRC）更新問題を中心に

木村 真希子

はじめに

　2018年7月末，インド北東部のアッサム州において，400万人が「無国籍者」となり，市民権を失うというセンセーショナルな報道がインド全国紙の見出しを占めた。同州で実施されている全国市民登録簿（National Register of Citizens：NRC）の更新に際し，完全名簿案が公表され，申請者の中からおよそ400万人がリストに掲載されないという事態が起きたことを受けての報道である[1]。

　さらに同年11月，国際人権NGOのアムネスティ・インターナショナルがアッサム州における「不法滞在外国人」の拘留問題について報告書を発表した。同報告書によれば，2018年9月の時点で1,037人の人びとが「不法滞在の外国人」と宣言され，拘留されている。しかし多くの人はインド生まれであり，「不法滞在」の嫌疑に心当たりはないと主張している。また拘留所の状況が劣悪で，さらにいつ出られるかも定かではない。アムネスティは報告書の結論部分で「拘留は最後の手段である」と指摘し，期限を定めること，また被拘留者の数を減らし，法に則って彼／彼女らの扱いを改善するよう勧告している（Amnesty International [2018]）。

こうした問題が起こる背景には，アッサム州において州外からの移民出自の住民の比率が高く，反移民感情が強いことがある。同州ではイギリスによる植民地化後，茶園開発のために他州の山岳民族やネパール人などが多数労働者として連れてこられた。また，隣接するベンガル地域からムスリム農民を政策的に入植させ，食糧増産と税収増加を狙った。こうした大量の移民の流入は，州内において反移民感情を形成するきっかけとなった。

さらに，1947年のインド・パキスタン分離独立により，東パキスタンとなった旧ベンガル州東部は別の国家となり，この地域からの人の移動は「植民地領内の移動」から「国境を超えた移民」とみなされるようになった。独立後のアッサム州では多くの反移民運動や暴動が起きているが，特にベンガル出自のムスリムは「バングラデシュ人」として不法移民とみなされることが多く，排斥の対象となりやすい。上記のような不法移民を選別するためのNRC更新や不法移民の拘留問題の背景にはこうした歴史的経緯がある。

1980年代以降は，反移民運動の高まりとともに，ネリーの虐殺をはじめとする暴力的な排除が起きた。主にムスリムを対象とする大規模な襲撃事件が数回起き，多数の人命が失われるほか，数十万人に上る国内避難民を出した（Kimura［2013a］; Kimura［2013b］）。NRC更新により，市民と認知されない人が数十万，数百万人出れば，ロヒンギャ排斥のような問題に発展するのだろうか。

本稿ではまずアッサム州を中心に，植民地統治下における移民の導入と反移民感情の歴史的な背景を考察する。その上で，近年の話題となっている拘留問題やNRC更新の経緯とその問題に焦点を当てる。アッサムのように州の総人口のうちおよそ半分を植民地化以降の移民が占め，さらに独立以降の移民の流入が数十万から数百万に上るとみられる地域では，確かに不法に入国する移民への対策は必要だろう。一方で，外国人検挙や市民登録の過程で大きな問題が起こることも見逃せない。北東部のアッサム州における人の移動と人権保障の抱える課題について論じたい。

1　植民地期アッサムへの人の移動と反移民運動の歴史

　1826年，ヤンダボ協定の締結によりアッサムは英領インドの一部となった。イギリスは新たに植民地領の一部となったアッサムの植民地経営のため，さまざまな分野で移民を導入した。まずは植民地官僚として，隣接するベンガル地域出自の中間層が移住した。州の主要な産業となった茶園開発のためにヨーロッパ人入植者に大量の土地が払い下げられ，労働者としてオリッサやビハールなどの山岳民が移住させられた。さらに，イギリス植民地政府は茶園人口の食糧確保と税収増加のため，隣接するベンガル地域より主にムスリムの開拓民を移住させることを決断した。これは1930年代から40年代に本格化し，大量のベンガル出自のムスリム農民がアッサムで農地を入手した。土地の大半の人びとの生業が農業であるアッサム州において，これは大きな反発を招き，州内では移民制限をめぐって活発な議論が繰り広げられた（Kimura [2013a] pp.38-42）。

　この結果，1947年の独立時のアッサム州人口の25％は移民出自のムスリムとなり，茶園の労働者の人口も10から15％を占めた。それ以外にもネパール人やインドの他地域からの労働者が流入していたことを考慮すると，独立時にすでに40～50％の人口はアッサムが植民地化された以降に移住した「よそもの」で形成されており，この比率は独立後に上昇していった（Kimura [2013a] pp.38-49）。インド・パキスタン分離独立後のアッサム州では，アッサム語を州の公用語とする言語運動が盛んとなり，これに反対するベンガル人中間層や州内の先住民族との対立が高まった。特にベンガル人ヒンドゥー教徒は近代的な中間層の職業を独占する層として敵対視された（Kimura [2013a] pp.44-46; Weiner [1978]; Goswami [1997] pp.50-66）。

　さらに，1970年代後半となるとバングラデシュやネパールからの移民の流入を問題視する「反外国人運動」が活性化する。1978年，ある選挙区で投票者名簿の数が不自然に増加したことをきっかけに，全アッサム学生連

合（AASU）が「外国人」の流入に反対する運動を主導し，大衆の広範な支持を得た。この運動では，1971年にパキスタンから独立したバングラデシュからの移民の流入が継続していることが特に問題視され，ベンガル出自のムスリムが主なターゲットとなった。運動では，当時約1,500万人の州人口のうち，450万人が外国人であると宣伝され，多くのムスリムが標的となっていやがらせの対象となった。特に1983年の州議会選挙の強行とそのボイコットの際には，選挙で投票するかボイコットするかをめぐって各地で衝突が起き，多数の死者が出た。最も死者の多かったネリーの虐殺では2,000人以上のムスリムが1日で虐殺された（Kimura [2013a]）。

反外国人運動は1985年に連邦政府とアッサム州政府，AASUの間でアッサム協定が合意され，1971年以前の移民を受け入れるということで決着がついた。運動指導者はアソム人民党（Asom Gana Parishad：AGP）という政党を結成し，1985年の州議会選挙で勝利し，政権党となった。アッサム州ではこれ以降も反移民を利用して大衆の支持を集める政党や学生団体の活動が盛んである。

また，1986年以降にアッサム州西部では先住民族ボドの人びとが自治州を求めたボドランド運動が活性化した。この運動はアッサム州西部で1980年代後半から1990年代，ボドの大衆の支持を集めて大きな影響力を持つが，連邦政府と第一次ボド協定を締結して自治評議会が発足したころから移民出自のムスリムやアディヴァシを狙った襲撃が起こり，それぞれの襲撃で100人を超える死者と，数十万人単位の国内避難民を出して注目を集めた。さらに10万人を超える避難民の人々がなかなか元の村に戻れず，キャンプ生活が長引いた（Kimura [2013b]）。2010年代に入ってからも，ムスリムやアディヴァシに対する大規模な襲撃事件が複数回起き，暴力は継続している。

こうした大規模な襲撃や紛争以外に，日常生活におけるいやがらせや差別は後を絶たない。出稼ぎ先で「バングラデシュ人」と疑われ，暴力を振るわれたといった事例は枚挙に暇がない。次節では，その中でも特に近

年になって問題視されている D-voter 制度と「外国人」拘留問題について詳述したい。

2 「外国人」の拘留問題

アッサム州において，不法に滞在する外国人検挙のプロセスは主に二つ存在する。まず，アッサム国境警察（Assam Police Border Organization）は「不法外国人」を認定する権限があり，その情報は県警察長官に送られ，必要と判断されればそこから外国人審判所（Foreigners Tribunal）に送られることになる。また，1997年，インド選挙管理委員会はアッサム州政府に対し，投票者名簿の中で「疑わしい（doubtful）」投票者を D でマークするよう通達を出した。D でマークされた人びとは D-voter とよばれ，選挙管理委員会が身分証明書を不十分と思えば，外国人審判所において身元に関する書類を提出し，市民権を証明しなりればならない。1946年の外国人法によれば，インド市民であることを証明できなかったものは拘留されることになる（Amnesty International [2018] p.10）。

問題は，この検挙のプロセスで手あたり次第に，もしくは恣意的に D-voter と認定したり「不法外国人」という疑いをかけられることが多く，だれもその点を監視できていないことである。しばしば貧しい労働者や農民などの非識字層が狙われ，また賄賂が払えないもの，土地の争いごとに巻き込まれた者がターゲットとなっている。このようにして，「不法滞在外国人の検挙」という名目のもとに，多くは無実の市民がいやがらせにあっている。この背景には，国境警察に対して外国人検挙のノルマという圧力がかかっていることがある（Wadud [2017]）。

外国人審判所では書類に基づいてインド市民であることを証明する必要があるが，書類上の誤りや食い違いから証明ができず，「外国人」と認定されるという指摘は後を絶たない。たとえば，複数の書類の中で名前のスペルや年齢が食い違っていた，というだけで外国人と認定される事例は多

く報告されている（Amnesty International ［2018］: 11）。近年この問題に取り組む移民出自のムスリムの弁護士は，「アッサムの外国人審判所で『外国人』と認定されるのは，過酷な書類の証明を要求される不幸なインド人たちだ」と指摘する[2]（Wadud ［2019］）。

　Dとマークされると投票権を失い，また食糧配給や生活支援等，さまざまな政府の支援の対象から外れることになる。嫌疑を晴らすために弁護士を立てて裁判所で争うことは，貧しい層にとってそれだけで一生ものの財産を失うことを意味する。裁判が長引けば，弁護士への謝礼，裁判のための往復交通費，宿泊代等もかさんでいく[3]。家族への負担や心労も大きく，根拠もなく D-Voter という疑いをかけること自体が重大な人権侵害につながっている。

　特に近年，外国人と認定される人数が急増していることが問題となっている。1985年から2016年の31年間に，468,934人が外国人審判所に送られた。そのうち80,194人が「外国人」と認定されている。しかし，2017年1月から11月までの1年足らずの間に13,434人が「外国人」と認定された。この背後には，2016年にインド人民党（BJP）がアッサム州で政権党となったことが関係しているとみられている。2017年6月，政府は外国人審判所の裁判官について査定を実施し，外国人と認定する割合の少ない19人について「不十分な実績（unsatisfactory performance）」という評価を下して契約を更新しなかった（Saikia ［2019］）。こうした措置は，他の裁判官に対して「職を失いたくなければ，もっと多くを外国人と宣告しろ，という脅しになりうる」と，先述の弁護士は指摘する[4]。また，こうした外国人審判所の判決に対して控訴する場合は高裁で審理される。しかし，高裁も偏見を持つ裁判官が多く，外国人審判所からの事例に関してなかなか審理が始まらないという。

　外国人の追放が目的であれば，外国人として認定された者に対して国外への強制送還が実施されることが想定されていたはずである。ガウハティ高裁は，強制送還の手続きは2ヵ月以内に実施されるべきであるという判

決を2013年に出している。しかし，実際に送還された人数はごくわずかである。内務省が明らかにした数字では，2016年から2017年の間に39人のバングラデシュ人が国外追放となった。アムネスティの報告書は，インド政府がバングラデシュ政府との間で強制送還問題を取り上げていないことを指摘し，「政府は多数の人びとをバングラデシュに送る手段を持っていない」と指摘している（Amnesty International［2018］p.17）。

　審判所で「外国人」として認定されると，アッサム州で六つある拘留所に送られることになる。この拘留所での人権侵害の状況が2018年に明るみとなり，大きな関心を呼んでいる。きっかけは，インドの全国人権委員会（National Human Rights Commission：NHRC）のマイノリティ／コミュナル暴力特別監視の任にあたっていたハルシュ・マンデルがアッサム州の拘留所を訪問したことである。マンデルは NHRC に報告書を提出し，これが大きな反響を呼ぶこととなった。以下，報告書の内容を見てみよう。

　まず，当初は単独の拘留所がなかったために刑務所の中に拘留所が設置されたが，実質的に両者の間にほとんど違いはなかった。さらに被拘留者の法的地位に関して定めた法律がないために，しばしば受刑者が受けられる便益なども受けられないことが多かった。また，拘留期限が定められておらず，無期限に拘留されるという問題もある。さらに，家族の分離が大きな問題であり，夫と妻が別々の拘留所に入れられた際には数年以上会っていないケースも多い。女性はコクラジャル拘留所に送られるが，家族が他県にいる場合には訪問することも難しい（Mander［2018］）。

　アムネスティの報告書もマンデルの報告書を参考にしているとみられ，同様の論点が指摘されている。同報告書では，さらに以下のような点について詳細な情報が確認できる。拘留所は定員が超過していることが多く，劣悪な状況の中で暮らしている。250人の定員に400人が詰め込まれるなど，居住環境は極めて悪い。被収容者の証言から，50人から120人が一つの部屋に詰め込まれている状況が明らかになっている。劣悪な状況で期限もわからず拘留されているため，多くの収容者がうつ病などの精神的疾患にか

かっている。また，食料も十分ではなく，常に空腹感を訴えるものもいるという（Amnesty International［2018］p.19）。

　被拘留者の中に子どもがいることも問題となっている。2018年9月時点で，31人の子どもが拘留されていることが明らかになっている。子どもの拘留は子どもの権利条約など国際的な人権規範に違反しており，この点も重大な問題として指摘されている（Amnesty International［2018］p.21）。

　マンデルはNHRCに対して報告書を提出したが，何の対策も講じられないことに抗議し，2018年6月にNHRCの役目を辞任した。さらに，9月には外国人と認定された人々を無期限で拘留することの正当性を問い，憲法12条と14条に違反しているという公益訴訟（Public Interest Litigaton：PIL）を起こした。裁判は2019年7月現在，最高裁で審理中である。マンデルの提訴はNRC更新の第二ドラフトが発表される直前だったこともあり，その影響が注目されている。次節では，2013年からアッサム州で進行中のNRC更新の過程とその批判を見てみよう。

3　全国市民登録簿（NRC）更新問題と市民権法改正反対運動

1　NRC更新とその反響

　NRCとは，不法移民の選別のため，インド市民を登録することを目的として作成されたリストである。インド・パキスタン分離独立の混乱直後の1951年国勢調査の際に作成され，特に1980年代の反外国人運動のころから名簿更新の必要性が要求された。今回の改定は，2009年に市民団体アッサム・パブリック・ワークス（Assam Public Works）が最高裁に不法外国人対策について提訴したことをきっかけに再燃した。2013年，最高裁はNRC改訂の実施を命じ，予算や担当官が確保された。

　NRC更新プロセスは，レガシー・データと呼ばれるデータを元に自分の市民権を立証できる書類を提出することから始まった。まず1951年のNRCと1971年3月までの投票者名簿をデジタル化し，オンラインで公開

された。人びとはその中から自分の父親，もしくは祖父の名前を見つけ，その人物との親子関係を証明する書類（出生証明書，土地関係の証明書，身分証，投票カード）を提出することにより自分が1971年までにアッサム州にいた人物であるか，その子供，孫であることを証明する。インドの多くの身分証には父親の名前を記載することが多く，これが自分とレガシー・データに掲載されている人物との関係を立証する重要な書類となる[7]。

　提出された書類の中で矛盾がある場合は，その関係者一同を呼んで審査を行い，判定が下された。NRCの担当官によると，多くの人びとが協力的であり，2017年12月に第一次リスト（約1,900万人が登録）が公開された際には州内で概ね好意的に受け止められたという[8]。2018年7月には第二次リストである最終名簿案（complete draft）が公表されたが，その際に3,299万人の申請者のうち，2,898万人しか掲載されず，400万人がリストから漏れる事態となった。これに対して本稿の冒頭で記したようにセンセーショナルな報道がされたが，アッサム州内での人びとの反応はより複雑である。

　まず，登録されなかった多くが女性や子ども，そして非識字層であった。特に女性が多かったが，その理由はインドにおける身分証等の記載における家父長制の影響がある。未婚の女性の身分証には父親の名前，既婚者の場合は夫の名前が記載されるため，若くして結婚することの多い農村部の女性の身分証は夫の名前が記載される。そのため，レガシー・データに記載されている父親との関係を立証することが難しくなる。同様の理由で，出生証明書などを持たない農村部の子どもたちの多くもNRCの名簿から除外された（Singh [2018]）。

　また，リストに掲載されなかった人の割合が多い県を見ると，ムスリム多数県は意外にもあまり多くない。NRC事務局は県別の登録者数などを公表していないが，リークされた県別の数字がメディア各社によって報道された[9]。アッサム全体で，NRCの最終名簿案に掲載されなかったものは12.15％であり，全33の県のうち，ムスリムが過半数を占める県は10であ

る。ムスリム多数州のうち，ダラン県を除いた9県ではNRC最終ドラフトから漏れた率は高くない。ダラン県はリストから漏れたものの割合が31.39％と全県中最も高い割合となったが，これはムスリム多数地域に限定されているわけでもなく，むしろベンガル出自のヒンドゥー教徒の多い地域でリストから漏れた率が高いという。

　ムスリムと比較してヒンドゥー教徒が多い理由は，ムスリムはいやがらせに遭う可能性が高いために土地関係の書類や投票者カード等身分を証明する書類を保管する傾向があるのでは，と指摘されている。ヒンドゥー教徒はベンガル地域出自であっても「難民」として行政的に寛大な措置を受けることが多く，また1980年代以降はいやがらせもさほど発生していなかったため，書類を準備できないものが多い。

　また，ムスリムの少ない丘陵県であるディマ・ハサオ県とカルビ・アングロング県は，平均よりもリストから漏れたものの割合が高い。これは住民の多数を占める先住民に非識字層が多いことが理由だろう。土地の先住民が多くリストから排除されていることが指摘されており，これは書類の不備が多いことが原因である。あるコッチの社会活動家は，「NRCは書類に基づく官僚的で残酷な手続き」であり，市民権証明のために必要な書類が提示できなければリストから排除される，と指摘している（Das［2018］）。

　ムスリムに関しては，最終名簿案公開直前の7月2日，最高裁はD-voterとその家族はNRCの名簿案から除外されると決定した。その結果，第一次名簿案に名前が掲載された一部の人たちが最終名簿案から除外されることになった。これに対し，NRCで証明されれば十分ではないのか，なぜ同じ書類を提出して一方では市民権が証明され，他方では「外国人」と宣言されるのか，といった疑問が呈されている。

　こうしたNRCの実施に対して，アッサム州内ではどのような反応が見られるのだろうか。前述のNRC担当官の発言に見られるように，第一次ドラフト公表までは州内では概ね好意的な反応であった。AASUをはじめ，多くのアッサムの「外国人」問題を憂える団体は長年の不法移民問題

が解決されることを期待した。こうした団体によりナショナリスティックな移民排除に懸念を示すことの多い左派やリベラル層も，最高裁の指導下で進められるということで，マイノリティへの偏見なく信頼できるリストが作成されることに期待し，賛成の意を示した (Gohain [2018])。反対が大きいかと予想されたアッサムのムスリム団体も，「NRC のリストに掲載されれば，自分たちが『外国人』としていやがらせに遭うことがなくなる」という理由で当初は賛成の意を示した。[11]

しかし，最終名簿案が公表された2018年7月あたりから，NRC 更新のやり方について批判も見られるようになってきた。ムスリムの一部の層は，D-Voter が NRC リストから排除されたことを指摘し，プロセスの中にムスリム排除が入り込んでいることを批判した (Azad [2018] p.41)。また，女性や非識字層が漏れたことに対する批判も出た (Pisharoty [2018]; Singh [2018])。NRC の完成版リストは2019年8月末に公開され，約200万人の申請者がリストに掲載されなかった。今後，異議申し立てのためには，外国人審判所で審査を受けることが必要になり，多くの人びとの間で不安が広がっている。

2　市民権法 (CAB) 改正案と反対運動の広まり

NRC 更新のさなか，連邦政府は2016年に市民権法改正案 (Citizenship [Amendment] Bill, 2016) を提案した。これは1955年の市民権法を改正し，アフガニスタンとバングラデシュ，パキスタンからのヒンドゥー教徒，スィク教徒，仏教徒，ジャイナ教徒，パールシー教徒及びキリスト教徒の不法移民に市民権を与える目的の法案である。法律の趣旨は3ヵ国からの宗教的な迫害を受けた者に市民権を与えることであり，2014年の総選挙の際に「ヒンドゥー教徒の難民を歓迎する」とインド人民党が公約として掲げたものを実現する内容となっている (Purkayastha [2018])。

これに対して，アッサム州では進行中の NRC を無効化するものであるということで批判が高まっている。AASU をはじめとする反移民運動を

けん引してきた勢力は，ヒンドゥー教その他の難民であっても，アッサムの「先住民（indigenous people）」の文化的・言語的アイデンティティを脅かすとして市民権法改正案（2016年）に反対の意を表明した。BJPとアッサム州で連立を組むアソム人民党（AGP）は法案が成立した際には連立を離脱すると宣言し，インド国民会議派など他の政党も宗教別に市民権を与える法案には反対を表明した（Purkayastha［2018］）。実際，アッサム州の南部であるバラク平野では分離独立後にベンガル系ヒンドゥー難民が流入し，同地域ではベンガルに出自を持つ移民が多数である。過去には州の公用語をめぐって対立が起きたこともあり，アッサム人にとって「反移民」イコール「反ムスリム」ではない。

　一方，BJPにとってバラク平野などベンガル系ヒンドゥー教徒の多い地域は重要な票田である。前項で指摘したように，NRC更新によってこれらの地域のヒンドゥー教徒がリストに掲載されないという不安が広がる中，BJPの事務局長であるビジャイヴァルギヤが「ムスリムでなければNRCに登録されていなくても心配することはない。政府が保護をする」という趣旨の発言をした。同氏は「迫害されたヒンドゥー教徒と，金目当てでやってくるムスリムの間は区別されるべきである」とも主張しており，物議をかもした。こうしたBJPの重要な役職者の発言もあり，同改正法案の提出はもっぱらBJPの票田であるベンガル系ヒンドゥー教徒を安心させるためであるとして，上記のようにアッサムでは反発が広がっている。

　2019年1月に同法案が下院を通過すると，アッサム州を中心に大規模な反対運動が起きた。アッサム州では上記のような学生団体や政党のほか，左派や農民団体の指導者などリベラル派と目されている人々も反対し，運動が広まった。AGPは予告通り連立を離脱した。あちこちで反対運動のデモが起き，BJPの地方事務所に対する攻撃も起きた。メガラヤ州ではBJPの連立パートナーの政党が反対の意を表明し，ミゾラム州とトリプラ州でも反対運動が起きた。ナガランド州政府が法案に反対し，マニプル州でも大規模な抗議運動が起きるなど，北東部のほぼ全域に反対運動が広

まっていった（Ameen［2019］）。この結果，BJPは同法案の成立を諦め，2月12日に廃案となった。

おわりに

　アッサムにおける拘留問題に示されるように，「外国人」とみなされた人びとへの人権侵害は監視の目が行き届かず，市民に対しては定められた最低限の基本的人権が確保されないことが問題である。インドにおいては拘留中の外国人の取り扱いを定めた法律がなく，これによってともすれば受刑者よりも過酷な取り扱いを受け，家族との交流や病気の際の手当てなどが認められないという状況に陥っている。こうした国内法の不備について，国際人権基準は「内外人に同等の権利を」と定めてきたが，いまだに各国の国内における整備は十分とは言い難い。

　2013年にはじまったNRC更新プロセスに対し，アッサムの人びとは長年の不法移民流入問題に終止符を打つのでは，と期待を抱いた。NRCが公正かつ中立に，そして人びとの支持を集めてこのまま成功裏に終われば，同州における移民問題の解決に向けた大きな一歩であり，無用ないやがらせや人権侵害を減少させる可能性を秘めている。

　一方，すでに見てきたようにプロセス実施に関して多くの欠陥も露呈している。まずは非識字層，特に身分を証明する書類を持たない女性や子どもの登録が困難であり，リストに掲載されないというケースが存在する。また，AASUによる主にムスリムへの異議申し立てといういやがらせは，だれがアッサム州において「外国人」とみなされるのかという偏見を如実に浮かびあがらせた。

　さらに，BJPの市民権法改正案提出にみられるように，政党がNRCの影響を自らの利益になるように利用しようとしている。本稿では紙幅の関係から主にBJPの動きに焦点を当てたが，それ以外の州内外の政党もNRCに対する不安を自党の有利になるように利用している。こうした行

為は現在までのところ，最高裁の指揮下で実施され，州内の住民の合意をそれなりに得ているNRCの公正さや中立性への信頼を損ねるものである。アッサム州において，NRC更新が移民問題の解決につながる画期的な試みとなるのか，それともムスリムをはじめとするマイノリティへの新たないやがらせとなるのかは，政府や政党がこれからどのような対応をするのか，そしてそれに対してアッサムの市民がどれだけ公正さや中立性を確保するよう監視できるのかといった点にかかっているといえよう。

注

1　たとえば，Bordoloi and Gani［2018］やDeka［2018］を参照。
2　ガウハティ高裁弁護士アマン・ワドゥッドとのインタビュー。2017年3月2日於グワハティ。
3　同上。
4　同上。
5　マンデルは辞任後，報告書を公開している。https://www.deccanherald.com/national/top-national-stories/harsh-manders-full-report-nhrc-678127.html（2019年6月17日アクセス）
6　https://www.telegraphindia.com/states/north-east/november-1-hearing-on-assam-detention-centres/cid/1672935（2019年6月17日アクセス）
7　Office of the state coordinator of National Registration（NRC），Government of Assam ウェブサイト。http://www.nrcassam.nic.in/index.html（2019年6月14日アクセス）
8　NRC州担当官（the state coordinator of National Registration〔NRC〕），プラティーク・ハジラとのインタビュー。於アッサム州グワハティ，2018年2月23日。
9　https://sabrangindia.in/article/leaked-confidential-nrc-data-about-district-wise-exclusions-now-public
10　https://cjp.org.in/exclusive-nrc-update-derails-saffron-agenda-as-lakhs-of-hindus-excluded-from-final-draft/
11　ムスリム文学団体の指導者，ハフィズ・アフメドとのインタビュー。2018年2月25日。
12　https://scroll.in/latest/889103/non-muslims-should-not-worry-about-exclusion-from-nrc-bjp-general-secretary-tells-economic-times（2019年6月

24日アクセス）

13　https://www.bbc.com/news/world-asia-india-47226858（2019年6月24日アクセス）

参考文献

 Ameen, Furquan [2019], "Why the Northeast is protesting against the Citizenship Act amendment," *Telegraph*, February 13. https://www.telegraphindia.com/india/why-the-northeast-is-protesting-against-the-citizenship-act-amendment/cid/1684432（2019年6月24日アクセス）

 Amnesty International [2018], *Between Fear and Hatred: Surviving Migration Detention in Assam*, Bengarulu: Amnesty India.

 Azad, Abdul Kalam [2018], "Error-Free NRC is a Broken Dream," *Outlook*, August 6: p.41.

 Bordoloi, Anupam and Gani, Abdul [2018], "Assam: Zero Citizens," *Outlook*, August 6: pp.36-43.

 Das, Arup Jyoti [2018], "Assam: Is NRC a secular exercise or prejudiced by politics?" *The Northeast Today*, August 18. https://thenortheasttoday.com/assam-is-nrc-a-secular-exercise-or-prejudiced-by-politics-by-arup-jyoti-das/（2019年6月20日アクセス）

 Deka, Kaushik [2018], "The Nowhere People," *India Today*, August 6: pp. 28-37.

 Gohain, Hiren [2018], "Senior Assamese Intellectual Hiren Gohain explains rationale behind NRC: Open Letter," *Sabarang*, August 8. https://sabrangindia.in/article/senior-assamese-intellectual-hiren-gohain-explains-rationale-behind-nrc-open-letter（2019年7月3日アクセス）

 Goswami, Sandhiya [1997], *Language Politics in Assam*, Ajanta: Delhi.

 Kimura, Makiko [2013a], *The Nellie Massacre of 1983: Agency of Rioters*, New Delhi: Sage.

 Kimura, Makiko [2013b], "Ethnic Conflict and Violence Against Internally Displaced Persons: A Case Study of the Bodoland Movement and Ethnic Clashes," *International Journal of South Asian Studies*, Volume 5: pp. 113-129.

 Mander, Harsh [2018], Report on NHRC Mission to Assam's Detention Centres from 22 to 24 January, 2018. https://www.deccanherald.com/national/top-national-stories/harsh-manders-full-report-nhrc-678127.html

（2019 年 6 月17日アクセス）

Pisharoty, Sangeeta Barooah [2018], "Bureaucratic Anomalies Put Assam's 'Doubtful Voters' in a Precarious Position," *The Wire*, July 24. https://thewire.in/rights/assam-doubtful-voters-citizenship-nrc（2019年 7 月 1 日アクセス）

Purkayastha, Debasree [2018], "What is the Citizenship (Amendment) Bill, 2016?" *The Hindu*, May 16. https://www.thehindu.com/news/national/other-states/what-is-the-citizenship-amendment-bill-2016/article23999348.ece（2019年 6 月24日アクセス）

Saikia, Arunabh [2019], "'The highest wicket-taker': Assam's tribunals are competing to declare people foreigners," *Scroll.in*, June 19. https://scroll.in/article/927025/the-highest-wicket-taker-assams-tribunals-are-competing-to-declare-people-foreigners（2019 年 6 月28日アクセス）

Singh, Parismita [2018], "NRC: This Graphic Novelist Sketches the Citizenship Test That May Render Millions in Assam Stateless" *Huffington Post*（India）August 1. https://www.huffingtonpost.in/2018/07/31/spelling-mistakes-missing-documents-weak-papers-this-graphic-novelist-interprets-the-chaos-unleashed-by-assams-nrc_a_23493497/（2019年 6 月20日アクセス）

Wadud, Aman [2017], "Alien in Motherland: BJP has a lot to answer," *National Herald*, October 2. https://www.nationalheraldindia.com/opinion/alien-in-motherland-bjp-has-a-lot-to-answer（2019年 6 月28日アクセス）

Wadud, Aman [2019], "'Foreigners' in Assam tribunals are just unlucky Indians fighting cruel paperwork demands," https://theprint.in/opinion/foreigners-in-assam-tribunals-are-just-unlucky-indians-fighting-cruel-paperwork-demands/236435/（2019年 6 月 7 日アクセス）

Weiner, Myron [1978], *Sons of the Soil: Migration and Ethnic Conflict in India*, Delhi: Oxford University Press.

　　　　　　　　　　　　　　　［津田塾大学＝社会学・南アジア研究］

2　先住民族の国境を越えた連帯

2005年北欧サーミ条約案の意義と直面する困難性

小坂田　裕子

はじめに

　国民国家の成立以前から存在する先住民族の生活領域は，国境により分断されてしまった場合も少なくない。本稿が対象とするサーミは，現在，スウェーデン，ノルウェー，フィンランド，ロシアの4ヵ国に分断されて，存在している。サーミは，以前から国境を越えた協力をおこなってきた。その一例が，1956年に成立した4ヵ国のサーミ組織のメンバーから構成されるNGOであるサーミ評議会（The Sámi Council）だ。北欧サーミ条約は，1986年にサーミ評議会が4ヵ国に対して，その起草を提案したことから動き出した（Åhrén [2007] p.10）。
　「先住民族の権利に関する国連宣言」（以下，国連宣言）が第36条で国境を越えた協力の権利を規定するのみであるのに対して，2005年の北欧サーミ条約案（以下，条約案）には，国境を越えたサーミの協力に関する規定が複数存在しており，国境により分断された民族であるサーミの特性に配慮した内容となっている。しかし，国境管理は国家主権が大きく関わる問題であり，その中で分断された先住民族の国境を越えた協力及び活動の権利をどのように位置づけるかは，各国にとって難しい問題であることはいうまでもない。本稿では，北欧サーミ条約案を題材に，先住民族の国境を越えた協力及び活動に関する権利が，どこまで認められ，いかなる困難に

直面しているのかについて，考察をおこなう。

1 北欧サーミ条約の意義

1 北欧サーミ条約案の制定の経緯と特徴

　前述したサーミ評議会による条約起草の提案を受けて，1996年，フィンランド，ノルウェー，スウェーデンは，サーミ条約の必要性を調査する作業部会を任命した。1998年にこの作業部会が条約の必要性を肯定して，条約の起草のための専門家委員会の設置を勧告した。これを受けて，2001年11月に北欧3ヵ国の各政府と各サーミ議会は，そのような専門家委員会の設置を決定した。専門家委員会は，北欧3ヵ国の各政府により任命された委員3名と，北欧3ヵ国の各サーミ議会により任命された委員3名から構成された（Åhrén [2007] p.10; Koivurova [2008] pp.106-107）。専門家委員会の委員であったÅhrénによれば，専門家委員会においてサーミ委員は，対等なパートナーとして扱われ，その主張は政府任命委員と同じ重さをもったという（Åhrén [2007] p.11）。

　2005年10月26日，専門家委員会は条約案について全会一致で合意し，2005年11月に北欧3ヵ国の各政府と各サーミ議会に提出した。筆者が2019年4月30日にノルウェーのサーミ議会で同議会のシニア・アドバイザーであるTorvald Falch氏におこなったインタビューでは，その後，サーミ議会に正式な条約交渉当事者の地位を与えることを国家が拒んだため，サーミ議会代表は，国家代表の一員として交渉に参加することになったという。北欧3ヵ国の間での条約案に基づく交渉は2011年に開始され，2016年に終結，2017年1月13日に北欧3ヵ国が新条約案に署名をおこなった（Staalesen [2017]）。2019年3月8日現在，北欧3ヵ国の各サーミ議会は，2017年新条約案に承認を与えていない。

　以下では，政府任命委員とサーミ委員が対等な立場で起草された2005年の条約案に焦点をあて，ロシア・サーミ及びサーミの位置づけについて考

察する。なお，2017年新条約案については，別稿での検討を予定している。

(1)ロシア・サーミの位置づけ

サーミ評議会が条約起草を提案したときには，ロシアを含む4ヵ国のサーミ領域（サプミ）全体のサーミを対象とすることを意図していた。しかし，Åhrénによれば，専門家委員会の任命に至るプロセスにおいて，交渉がロシアを含むのであれば，強力で実効的な条約の合意は複雑になりすぎることが明らかになり，ロシア抜きでの条約交渉が始まったという。

2004年に採択されたホニングスヴォーグ宣言（The Honningsvåg Declaration）において，サーミ評議会は，フィンランド，ノルウェー，スウェーデンが条約作成にロシアを取り込む努力をおこない，サーミ民族全体が条約の保護を受けるよう確保することの重要性を強調していた（Koivurova [2008] p.108）。しかし，条約案にはロシア・サーミについての言及はなく，北欧3ヵ国のサーミを対象として作成されている。Koivurovaが指摘するように，そこには次の二つの理由があるように思われる。第一は，ロシアは国連宣言の人権理事会での採択に反対票を投じ，総会での採択では棄権をしており，他の北欧諸国とは異なり，先住民族の権利に対して消極的な立場をとっていること。第二は，ロシアには国家により承認されていない多数の先住民族が存在しており，ロシア・サーミにだけ特別な承認を与えることは難しいことである（Koivurova [2008] p.109）。

他方で，専門家委員会は，その報告書において，ロシア・サーミとの協力を可能にするような方法で，北欧3ヵ国がロシアとの関係を築くことは望ましいとしている。そして，ロシア国民であるが，北欧3ヵ国に暮らすサーミは，条約案の保護の対象となるという（The Report of the Draft Saami Convention [2005] p.64）。

(2)北欧サーミ条約案におけるサーミの位置づけ

条約案の起草作業の当初から問題となったのは，サーミは条約当事者になりうるか，ということである。1998年の作業部会報告書では，サーミは北欧サーミ条約の当事者になるべきであるとの見解を示していた（The

Report of the Draft Saami Convention［2005］p.148; See also Alfredsson［1999］p.408）。しかし，専門家委員会は，サーミを条約当事者とすると，国際法の下での法的拘束力ある文書としての性質を奪うことになりかねないとして，北欧3ヵ国のみが条約当事者となりうるという結論を出す（The Report of the Draft Saami Convention［2005］pp.247-250）。Koivurova が指摘するように，サーミを条約当事者から外すという専門家委員会の判断には，サーミは国際法上，条約当事者となりえないというノルウェー外務省とフィンランド外務省の意見が何よりも影響を与えたと考えられる（Koivurova［2008］p.111; the Report on the Draft Saami Convention［2005］p.148）。ノルウェー及びフィンランドが強固反対する中で，サーミが当事者となる条約の作成は考えられないからである。

　その一方で，条約案は，条約の批准及び改正に関して，3ヵ国のサーミ議会に特別な地位を認めている。すなわち，第49条は，条約の批准は3ヵ国のサーミ議会が承認を与えるまでおこなわれないと規定する。また第51条は，条約の改正は第48条の規定を尊重し，3ヵ国のサーミ議会と協力しておこなわれるとする。これにより，もし条約案に基づく交渉結果が3ヵ国のサーミ議会を満足させなければ，サーミ議会は条約の批准を妨げ，発効させないようにする拒否権を有することが明確にされているのである（Koivurova［2008］p.131）。Åhrén は，このことを「サーミ民族は，サーミ条約の正式な当事者とはなりえなかったが，条約は疑いなく，サーミと植民者達との間の新しいパートナーシップを示している」と積極的に評価している（Åhrén［2007］p.12）。

　ただし，北欧サーミ条約案におけるサーミ議会の特別な地位は，関係国から手放しに受け入れられていたわけではない。たとえば，フィンランド外務省は，批准手続きにおけるサーミ議会の同意はかなり独特な取り決めであり，条約案に基づく交渉が始まる前に，更なる検討を要するとしていた（The Summary Report of the Statements in Finnish［2007］p.72）。

(3) 小　括

　条約案の起草作業自体が，サーミ民族の国境を越えた協力に基づくものといえるが，そうした越境協力関係も国家の同意があって初めて可能になる。すなわち，条約作成に協力的でないロシアに暮らすサーミについては，サーミ評議会の提案にもかかわらず，条約案では対象とできず，北欧3ヵ国に暮らすロシア国籍のサーミに保護を及ぼせるにすぎない。

　条約案の起草作業では，サーミにより任命された委員も国により任命された委員と対等な地位に置かれたという。しかし，作業部会報告書の見解にもかかわらず，ノルウェー及びフィンランドの反対を受け，サーミが条約の正式な当事者とはされなかったことからも，国家と先住民族の不均衡な力関係が，条約案の起草過程で完全に排除されていたと評価することは難しい。ただし，条約の批准手続きに3ヵ国のサーミ議会の承認を要するとし，実質的にサーミに拒否権を与えており，この点に本条約案の特殊性，また国家と先住民族との新しい関係性を認めることができる。

2　北欧サーミ条約案における国境を越えた協力及び活動

(1) 北欧サーミ条約案の基本思想

　条約案の前文は，大きく二つに分かれている。前半は，北欧3ヵ国の政府が条約の基礎と考えている思想を示し，後半は，北欧3ヵ国のサーミ議会が同様のことをして，それを北欧3ヵ国政府が慎重な検討の基礎として扱うことを確認している。

　前文前半で確認された事項のうち，本稿との関係では，次のことが重要である。第一に，サーミとは北欧3ヵ国の先住民族であり，国境を越えて暮らす一つの民族であることを確認していることである。第二に，サーミ民族が自決権を有することを確認している。第三に，サーミは，国境を越えてその社会を発展させる固有の必要性を有することを確認する。第四に，サーミ民族の法的地位を決定するにあたって，歴史の流れにおいて，サーミが平等な価値をもつ民族として扱われず，不正義に服してきたという事

実に特別な配慮が払われなければならないことを確認した。

　前文後半については，本稿との関係で，次の点が重要である。第一に，諸国の国境は，サーミ民族の共同体及びサーミである個人の障害となってはならないというヴィジョンを有していることを明らかにしていることである。第二に，条約を，1751年ラップ附属書（the Lapp Codicil of 1751）で成文化された歴史的土地利用を通じて確立されているサーミの権利の更新及び発展であると考えていること。第三に，サーミが民族として享受する自決権を尊重する重要性を強調すること。第四に，サーミが3ヵ国の中で一つの民族として暮らすことを希望すること。

　続く第1条は，「本条約の目的は，国境による障害を最小限にして，その言語，文化，生活（livelihoods）及び社会を保護し，発展させることが必要な，サーミ民族のそのような権利を確認し，強化することである」と規定する。そして，第2条は，「サーミ民族は，フィンランド，ノルウェー，スウェーデンの先住民族である」とし，第3条でサーミの自決権を保障する。

　このように，北欧サーミ条約案では，北欧3ヵ国の政府及びサーミ議会の共通の見解として，サーミが国境により分断された民族であり，現代において国境を越えたサーミ民族の協力関係や活動を可能にすべく，国境による障害を最小限にする必要性を確認している。このような基本思想に基づき，北欧サーミ条約案は，国連宣言とは異なり，国境を越えたサーミの協力及び活動に関する規定を複数有している。

(2) 自決権

　第3条は，「民族として，サーミは，国際法の諸規則及び諸条項並びに本条約にしたがって，自決権を有する。これらの規則及び条項にしたがう限りにおいて，サーミ民族は，自己の経済的，社会的及び文化的発展を決定する権利並びに，自己の利益のために自己の天然資源を処分する権利を有する」と規定する。

　国連宣言では，第46条1項で領土保全への言及を挿入しているが，サー

ミ条約には類似の規定はない。しかし，専門家委員会のコメンタリーは，国際法は軍事的占領や継続した深刻な人権侵害などの極端な例外的場合を除いて，分離独立を認めておらず，サーミは国際法の下，新国家の設立を主張しうる状況にはないことを確認している（The Report of the Draft Saami Convention［2005］pp.155-157）。

　条約案は，自決権の主な行使主体として，サーミ議会を想定している。すなわち，第14条第1項は，北欧3ヵ国のサーミ議会が各国におけるサーミ民族の最高代表機関であることを確認し，同第3項は，サーミ議会が「国際法及び本条約の諸規則及び諸原則にしたがって，サーミ民族の自決権の実現に効果的に貢献できるようにする権限を有する」ことを規定している。そして，第16条第1項は次のように規定する。

　　　サーミにとって主要な重要性をもつ事項について，そのような事項についての決定が公権力によってなされる前に，サーミ議会との交渉がおこなわれる。これらの交渉は，サーミ議会が手続及び結果に真の影響を与えることができるように，十分な事前におこなわれなければならない。

　また，第17条は，公共の評議会及び委員会において，これらがサーミの利益に関する事項を扱う場合に，サーミ議会が代表される権利（the right to be represented）を規定し，第18条は，サーミ民族に関する事項の国会による検討において，意見を聴いてもらえる機会を与えられることを規定する。さらに第19条は，サーミ議会が，政府間の問題において，サーミを代表するとし，国家は国際組織におけるサーミ代表と，国際会議におけるサーミの参加を促進すると規定する。

　これらの規定からは，サーミの自決権は，各国の枠内で，その国のサーミ議会により行使されることが原則となっているといえる。ただし，注目されるのは，第20条の存在である。第20条は，「サーミ議会は共同組織を形成しうる。サーミ議会と協議の上，国家は，必要に応じて，そのような共同組織に公権力を委譲する努力をする」と規定する。つまり，条約では，

サーミ議会が国境を越えて連帯し，共同組織を設置する可能性を認めており，さらにそのような共同組織に公権力を付与する可能性を承認しているのである。このことからすれば，条約案は，3ヵ国のサーミ議会の共同組織が設置された場合に，当該組織による自決権の越境共同行使の可能性を認めており，この点で，国連宣言より進歩的であると評価しうる (Koivurova ［2013］ pp.123-124; 孫 ［2017］ 46頁）。

　また，共同組織が設置されない段階でも，条約案では自決権の越境行使の可能性が認められていると考える。たとえば，第36条第2項は，「国家の諸機関が，法に基づき，鉱物又は他の地表資源の調査又は採取に許可を与える前に，又はサーミによって所有又は使用される土地又は水域に存在する他の天然資源の使用に関する決定をおこなう前に，問題が第16条に該当する場合，サーミ議会のみならず，影響を受けるサーミと交渉をおこなう」と規定する。また第43条1項は，越境トナカイ放牧の権利を規定している。そのため，たとえば，ノルウェーでの森林伐採が，そこで越境トナカイ放牧をおこなうスウェーデンのサーミに影響を及ぼす場合，ノルウェーはスウェーデンのサーミとも交渉をおこなう義務があると考える。

　(3)国境を越えた協力及び活動に関する規定

　1. 2(1)で見たように，条約案は，前文及び第1条において，国境を越えたサーミ民族の協力関係や活動を可能にすべく，国境による障害を最小限にする必要性を示している。このような基本思想に基づく条約案では，以下に見るように，国境を越えたサーミの協力及び活動に関する規定を複数おいていて，そのほとんどが国家の義務として規定されている。すなわち第10条は，国家が，サーミ議会と協力して，国境を越えたサーミの活動に関する立法及び他の重要な規制の継続的な調和を促進することを求める。第11条は，サーミの市民権又は居住権，もしくはサプミが国境によって分断されている結果としての障害を除去することで，国境を越えたサーミの経済活動の探求や文化的ニーズの提供を促進するための措置をとることを国家に要求している。第12条は，「国家は，3ヵ国のいずれかに暮らすサ

ーミである個人に，それがより適切であるように思われる場合には，3ヵ国うちの他の国で教育，医療サービス，社会サービスを受ける可能性を提供するための措置をとる」と規定する。第25条は，国家がサーミ議会と協力して，サーミ語でプログラムや記事を提供するメディア組織間の国境を越えた協力を促進することを求める。第27条は，国家がサーミ議会と協議して，サーミと様々な国家における他の研究組織との間の国境を越えた協力を促進することを規定する。

　唯一，権利に言及するのが，越境トナカイ放牧に関する第43条である。第43条は，以下のように規定する。

　　　国境を越えたトナカイ放牧の権利は，慣習に基づく。
　　　サーミ村落，シイーダ又はトナカイ放牧委員会の間で，国境を越えたトナカイ放牧の権利に関する協定が締結されたならば，これらの協定が優位する。そのような協定の解釈又は適用に関する紛争の場合，当事者は，仲裁委員会に決定のために訴える機会を有する。そのような仲裁委員会の構成と手続規則については，3サーミ議会によって共同で決定された規則が適用される。紛争に関する仲裁委員会の決定に不満足な当事者は，放牧領域が位置する国家の裁判所に当該問題について訴えをおこなう権利を有する。
　　　サーミ村落，シイーダ又はトナカイ放牧委員会の間の適用可能な協定が存在しない場合，トナカイ放牧に関する有効な二国間条約が存在するのであれば，当該条約が適用される。そのような条約に関わらず，二国間条約に由来するものを超越する慣習に基づいて，トナカイを放牧する権利を有すると主張する個人は，放牧領域が位置する国家の裁判所に訴えをおこなう権利を有する。

　このように北欧サーミ条約案が国連宣言とは異なり，国境を越えたサーミの協力及び活動に関する規定を複数おいているのは，サーミが国境により分断された民族であることに由来する前述の条約基本思想が大きく影響を与えていることは疑いないが，北欧3ヵ国がシェンゲン協定の加盟国で

あり，もともと出入国審査なしに国境を越えることを相互に許可しあっていることも，その一因だろう。もっとも，唯一，権利に言及する第43条が扱う，トナカイ飼育者が自ら暮らす国家以外で牧草地の利用をどの程度認められるべきかという問題は，現在，主にノルウェーとスウェーデンの間で論争となっている困難な政治課題である。この点，Åhrén によれば，北欧サーミ条約案第43条は，「慣習が，サーミのトナカイ飼育放牧権の基礎であり，国境を越えることを宣言している。換言すれば，トナカイ飼育が関係する限り，サーミ条約は国境を抹消し，ラップ附属書で確認されているように，放牧権に関するサーミの慣習法を基本的に再導入している」（Åhrén [2007] p.22）。しかし，当該条項により二国間の紛争が解決される見通しは，2．2で見るように決して明るくはない。

2　北欧サーミ条約案が直面する困難性

1　自決権

以下では，条約案の抱える困難性として，まず，サーミ民族の自決権の具体的内容に対するフィンランドの反対を指摘できる。条約案におけるサーミ民族の自決権は，主にサーミ議会や影響を受けるサーミとの協議や同意を通じて実現されることを想定しているが，同意を得る義務にフィンランドは反対を表明してきた。たとえば，北欧サーミ条約案第16条2項は，「国家は，関連サーミ議会が同意を与えるまでは，サーミ文化，生活，社会の基本的条件に深刻な損害を与えうる措置を取り，又は許可してはならない」と規定する。これに対して，フィンランド法務省によって任命されたフィンランド委員会は，国連宣言第19条が同意の取得までは義務づけていないこと，またILO 第169号条約でも協議の義務にとどまることを指摘し，フィンランドの国際約束を超えるものと批判している（Heinämäki [2013] p.137）。

また，条約案第36条第3項は，「天然資源の調査又は採取に対する許可

は，当該活動によりサーミが関連領域を使用し続けることを不可能又は相当程度困難にする場合には，サーミ議会及び影響を受けるサーミが同意しない限り，付与されない」と規定する。この規定に対してフィンランド委員会は，協議の相手がサーミ議会に限定されず，個人のサーミにまで及び，しかも個人のサーミにまで拒否権を認めることになりうるが，これはフィンランド憲法第 6 条の無差別条項に合致しない可能性があるとしている（Heinämäki［2013］p.139）。

　条約案では自決権の越境行使を認めているが，以上に見たように，自決権の具体的内容については，同意取得まで要求されるのか，協議にとどまるのかを巡って主にフィンランドとの間で争いがある。

2　越境トナカイ放牧の権利

　以下では，北欧サーミ条約案が直面するもう一つの困難性として，越境トナカイ放牧に関するノルウェーとスウェーデンの政治的紛争がある。伝統的にサーミのトナカイ飼育者達は，ノルウェーの夏季牧草地とスウェーデン及びフィンランドの冬季牧草地を移動して放牧をおこなってきた。しかし，フィンランドとノルウェー及びスウェーデンの国境は，それぞれ1852年と1889年にトナカイ放牧のための越境を禁止したため，今日では，ノルウェーとスウェーデンの間でのみ越境トナカイ放牧は可能となっている（Riseth, Tømmervik and Bjerke［2016］, pp.191-192）。ただし，現在では，ノルウェーとスウェーデンの間における越境トナカイ放牧を巡る意見の食い違いのため，法的状況が不明瞭になり，混乱を招いている。以下では，サーミの越境トナカイ放牧が，国境の確立により，どのような影響を受けてきたのか，その経緯と現状を概観する。

　フェノスカンジアでは，中世盛期から19世紀半ばまでの長期にわたって，徐々に国境が確立されてきた。特に北部では，デンマーク＝ノルウェー，スウェーデン＝フィンランド，ロシアの 3 ヵ国が主張する領域が広く重複しており，国境が不明瞭で，常に厳格な管理がなされていたわけではなか

った。そのためサーミのトナカイ飼育者達は，各国によって主張される領域の間を，自らのトナカイの群れと共に比較的自由に移動することができた (Koch [2013] p.118; Riseth, Tømmervik and Bjerke [2016] p.191)。最初の国境は，1751年のストレムスタード条約によってデンマーク＝ノルウェーとスウェーデン＝フィンランドの間に確立された。この国境確立に伴い，サーミはいずれかの国の市民となることを選択し，その税制に服さなければならないことになったが，ラップ附属書により，国境は古くからの慣習に基づくサーミの越境トナカイ放牧を妨げてはならないことが規定された (Broderstad [2013] pp.156-157; Riseth, Tømmervik and Bjerke [2016] p.191)。

　1883年ノルウェーとスウェーデンは，共同ラップ法を制定し，サーミの越境トナカイ放牧をラップ附属書よりも詳細に規定した。ノルウェーとスウェーデンの連合は，1905年に解消され，ノルウェーは独立を達成，ラップ附属書を終了させることを目指したが成功しなかった (Broderstad [2013] pp.160-161)。共同ラップ法は，独立した2国間の境界条約に取って代わられた。両政府は30年ごとに新しい条約に同意する義務を負っており，1919年，1949年，1972年に境界条約が発効した (Koch [2013] pp.126-127)。

　1919年条約は，スウェーデンのトナカイ飼育者の立ち入りを，トロムソの夏季牧草地を含むノルウェーの広い範囲で禁止し，トナカイの数と春の立ち入り及び秋の立ち退きの時期を厳しく制限した (Riseth, Tømmervik and Bjerke [2016] pp.192-193)。その後，1960年代初頭に始まった交渉では，ノルウェー側は，ノルウェーにおいてスウェーデンのサーミが利用する牧草地の更なる削減などを要求したが，スウェーデン側はこれを拒絶，代わりに，ラップ附属書は終了できないとする条約案を提出し，ノルウェーによって拒絶された (Broderstad [2013] p.161)。ノルウェー側は，ラップ附属書を外国統治下の古い遺産と考えて，その終了を目指していた (Broderstad [2013] p.162)。交渉はノルウェーの外交的勝利に終わり，1972年条約では，スウェーデンのサーミが利用できる夏季牧草地は大幅に

縮小された (Broderstad [2013] p.163; Koch [2013] p.127)。

　2002年には新条約が1972年条約に取って代わる予定だったが，2005年4月30日まで1972年条約が延期される決定がおこなわれた。しかし，両国はこれまでの交渉と同様に対立し，合意に達することができなかった。そのためノルウェーは，更に3年間，1972年条約が延長されることを希望したが，スウェーデン政府は，これを断り，2005年5月1日以降，ラップ附属書が越境トナカイ放牧の基礎となることを主張した。2005年6月，ノルウェーは，1972年条約規則を延長させる新法を一方的に採択し，他方，スウェーデンではラップ附属書が一方的に再適用された (Broderstad [2013] pp.165-166; Koch [2013] p.114)。交渉は2005年12月に再開され，2009年2月に新条約案が成立したが (Broderstad [2013] pp.149, 158-160)，2019年3月16日現在，両国により批准されていない。現在，ノルウェーとスウェーデンの間の越境トナカイ放牧は，法的状況が不明確であることから，実行において厳しく制限されているという (Åhrén [2007] p.22)。

　なお，ノルウェーとスウェーデンの各サーミ議会は，新条約がない状態では，ラップ附属書が依然として有効であるとの立場から，ノルウェーが一方的に制定した国内法を批判している (Broderstad [2013] pp.167-168)。条約案は，ラップ附属書に基礎を置き，サーミの慣習法に基づく越境トナカイ放牧の復活を目指すものであるが，ノルウェーの頑なな反対からすれば，その実現可能性は高くない。

　　おわりに

　国連宣言では，第36条で国境を越えた協力の権利が保障されるのみだったのに対して，北欧サーミ条約案は，第1条で国境による障害を最小限にすることを規定し，サーミの越境活動の促進を国家に義務づける複数の規定及び越境トナカイ放牧の権利規定を置き，更には，自決権の越境行使の可能性を認めており，国連宣言よりもかなり進歩的である。その背景には，

サーミが国境により分断された民族であり，現代において国境を越えたサーミの協力関係や活動を可能にする必要性を条約案の起草者達が共通認識として有していたこと，また，そもそも北欧3ヵ国はシェンゲン協定の加盟国であり，他の国境により分断された先住民族よりも，自由に国境を越えた活動がしやすい環境にあることがある。

　しかし，そのような北欧サーミ条約案にあっても，次のような限界や困難性を抱えていることも明らかになった。第一に，条約作成に協力的でないロシアに暮らすサーミについては，本条約案では対象とできず，北欧3ヵ国に暮らすロシア国籍のサーミに保護を及ぼせるにすぎないこと。第二に，サーミの自決権行使の方法として，影響を受けるサーミの同意取得まで必要なのか，協議義務にとどまるのかを巡って，フィンランドが同意取得に強く反対していること。この点，2017年新条約案は，前文におけるサーミ議会の見解表明を削除し，本文ではサーミ議会等の同意を要する場合を削除して協議義務に落とし込んだり，条約批准手続きに3ヵ国のサーミ議会の承認を要する規定を削除したり[3]と，かなりサーミ民族の自決権の内容を弱め，北欧サーミ条約案におけるサーミ民族の地位を後退させている。第三に，条約案第43条は，ラップ附属書のように，サーミの越境トナカイ放牧の権利の基礎となるのは慣習であることを明記し，それは国境により妨げられないことを暗示するが，現実にはノルウェーの強い反対があり，実現する見通しは決して明るくないことである。また，そもそもフィンランドは，サーミの越境トナカイ放牧を認めていない。この点，2017年新条約案では，越境トナカイ放牧の権利への言及や具体的な紛争解決方法はすべて削除され，トナカイ放牧に関して国境を越えた協力を促進するという簡素な規定に弱められている（第36条）。

　その一方で，2017年新条約案においても，国境を越えたサーミの活動に関する立法の調和促進義務及び越境トナカイ放牧の権利の削除を除けば，国境による障害を最小限にすることの明記は維持され（第1条），国境を越えた協力や活動を促進する国家の義務規定は二つの条項に集約されてい

るものの，内容はほぼ維持されており（第10条，第26条），3ヵ国のサーミ議会の共同組織の規定も，若干の修正はあるものの，維持されている（第16条）。このように国境により分断されたサーミ民族への配慮は維持されているが，そもそも自決権の内容が弱められ，越境協力についても促進義務のみであれば，国家にとって大きな脅威とはならない。

　2017年新条約案におけるサーミ民族の地位及び権利の後退は，本来的に国家間交渉の産物である「条約」の作成過程において，先住民族が国家と対等な立場を維持することの困難さを浮き彫りにする。それだけに一層，2005年北欧サーミ条約案が，北欧3ヵ国とサーミ民族の立場が対等に近い立場で作成され，内容の多くにおいても北欧3ヵ国と国境を越えて連帯するサーミ民族の平等なパートナーシップを示すものであったことを積極的に評価できる。北欧3ヵ国のサーミ議会は2017年新条約案に承認を与えず，その修正に向けた交渉を継続している。2005年北欧サーミ条約案が思い描いた構想の実現は，現状では困難なように思われるが，先住民族側が目指すべき方向性を示すものとして今後も意味を持ち続けるだろう。

　【付記】本稿は，平成30年度科学研究費補助金（基盤研究B　研究課題番号16H03551　研究代表者　柴田明穂；基盤研究B　研究課題番号18H00810　研究代表者 松本〔小坂田〕裕子）による研究成果の一部である。

注
1　作業部会は，北欧3ヵ国から3人の代表，各サーミ議会からそれぞれ1名の代表によって構成された（Koivurova［2008］p.106）。
2　Falch氏によれば，2017年1月に北欧3ヵ国が署名したのは，あくまでも新条約「案」に対してであり，北欧サーミ「条約」に署名したわけではないとのことだった。Falch氏は，2017年新条約案の起草作業にも事務局として参加していた。
3　新条約案第42条は，「条約は署名の前に，3ヵ国のサーミ議会の承認のために提出される」と規定するのみである。Falch氏によれば，新条約案の起草作業で，サーミ議会に国家と平等な条約当事者としての資格を

与えるかどうか議論があり，国家の側がこれを拒否したという経緯が背景あるという。ただし，国家側もサーミ議会の承認のない北欧サーミ条約が無意味であることを認識しており，3ヵ国のサーミ議会の承認なく，批准がおこなわれることはないとのことであった。

参考文献

Åhrén, M.［2007］, "The Saami Convention," in M. Åhrén, M. Scheinin and J. B. Henriksen（eds.）, *The Nordic Sami Convention: International Human Rights, Self-Determination and other Central Provisions, Gáldu Čála- Journal of Indigenous Peoples Rights*, No.3/2007.

Alfredsson, G.［1999］, "Minimum Requirements for a New Nordic Sami Convention," *Nordic Journal of International Law*, Vol. 68.

Broderstad, E. G.［2013］, "Cross-border Reindeer Husbandry: Between Ancient Usage Rights and State Sovereignty," in N. Bankes and T. Koivurova（eds.）, *The Proposed Nordic Saami Convention: National and International Dimensions of Indigenous Property Rights*, Hart Publishing.

The draft of the Nordic Saami Convention［2017］, https://oikeusministerio.fi/hanke?tunnus=OM025：00/2017.

The English text of the Proposed Nordic Saami Convention［2005］, https://www.sametinget.se/105173.

Heinämäki, L.［2013］, "The Nordic Saami Convention: The Right of a People to Control Issues of Importance to Them," in N. Bankes and T. Koivurova（eds.）, *The Proposed Nordic Saami Convention: National and International Dimensions of Indigenous Property Rights*, Hart Publishing.

Koch, P.［2013］, "Sámi-State Relations and its Impact on Reindeer Herding across the Norwegian Swedish Border," in J. Miggelbrink, J. O. Habeck, N. Mazzullo and P. Koch（eds.）, *Nomadic and Indigenous Spaces: Productions and Cognitions*, Routledge.

Koivurova, T.［2008］, "The Draft for a Nordic Saami Convention," *European Yearbook of Minority Issues*, Vol.6.

Koivurova, T.［2013］, "Can Saami Transnational Indigenous Peoples Exercise Their Self-Determination in a World of Sovereign States?" in N. Bankes and T. Koivurova（eds.）, *The Proposed Nordic Saami Convention: National and International Dimensions of Indigenous Property*

Rights, Hart Publishing.

The Report on the Draft Saami Convention [2005] "Pohjoismainen saamelaissopimus: Suomalais-norjalais-ruotsalais-saamelaisen asiantuntijatyöryhmän 27. lokakuuta 2005 luovuttama luonnos," Finnish Ministry of Justice Publication, No. H-2183 F, pp.90-96.

Riseth, J. Å., H. Tømmervik and J. W. Bjerke [2016], "175 years of adaptation: North Sandinavian Sámi reindeer herding between government policies and winter climate variability (1835-2010)," *Journal of Forest Economics*, Vol.24.

Staalesen, A. [2017], "Historic Sámi agreement starts long way towards ratification," *The Barents Observer*, available at: https://thebarentsobserver.com/en/2017/01/historic-sami-agreement-starts-long-way-towards-ratification.

The Summary Report of the Statements in Finnish [2007], "Lausuntoja ja selvityksiä 2007：6, Luonnos pohjoismaiseksi saamelaissopimukseksi (lausuntotiivistelmä)," available at: https://docplayer.fi/29993422-Luonnos-pohjoismaiseksi-saamelaissopimukseksi.html.

孫占坤 [2017]、「国際法における先住民族の自決権――サーミ条約の意味するもの」『国際学研究』第51号。

［中京大学＝国際人権法］

3　カナダ・トロント市の聖域政策

藤本　晃嗣

はじめに

　過激な移民政策を訴えるアメリカのトランプ政権は，発足して早々の2017年1月に，聖域都市（Sanctuary City）の政策を採るサンフランシスコ市などへの補助金停止を司法省に指示したと報道され，聖域都市と呼ばれる都市の存在が日本でも知られるようになった。聖域都市あるいは聖域政策（Sanctuary Policies）と呼ばれることもあるが，この用語が意味するのは，一般に不法移民（illegal immigrants）や難民申請が認められなかった者などの国家が自国での滞在や居住を認めなかった者を，コミュニティが収容し保護しようとしている都市，またはその取り組みである。しかし，地域によってその態様等が異なり，概念としては曖昧である。

　ただ，その起源は，ヨーロッパ中世において，カトリック教会が世俗権力から犯罪者とされた者を匿い，庇護（sanctuary）を与えたことに辿ることができる。20世紀の後半に西欧諸国が人の移動を厳格に管理した結果，移民や難民の違法化（illegalization）が進んだ。そして，この違法化された人々，具体的には難民申請が認められなかった者や，庇護申請者，そして不法滞在とされた移民などを，ヨーロッパ諸国及びアメリカ合衆国のキリスト教教会などが，その宗教施設の中で保護するようになった。現在アメリカ合衆国で聖域都市と呼ばれる都市は，こうした宗教的な伝統を受け継

ぐもので，庇護の規模を教会から都市へと大きくしたものとの評価がなされている[3]。

　一方，カナダでは2013年2月に，オンタリオ州のトロント市が市議会決議18.5「トロントにおける証明書をもたない労働者（Undocumented Workers in Toronto）[4]」を賛成37票，反対3票，棄権5票で採択し，聖域政策を採ることを宣言した。その第1パラグラフは次の通りである。

　　1 市議会は，完全な在留資格を有さない移民または完全な証明書をもたない移民が恐怖することなく諸サービスを受けられるようにする責任（commitment）があることを再確認（re-affirm）する[5]。

その後も，トロント市は市議会決議で聖域政策の採用の継続を宣言しており，その主な決議は次の通りである。

・市議会決議29.11
「証明書をもたないトロント市民が市の提供するサービスにアクセスすること（Access to City Services for Undocumented Torontonians）[6]」（2014年6月採択）

・市議会決議8.4
「証明書をもたないトロント市民が市の提供するサービスにアクセスすること：Access T.O. イニシアティブの進捗状況」[7]（2015年12月採択）

・市議会決議19.9
「難民，難民申請者及び証明書をもたないトロント市民－最近の傾向と問題」[8]（2017年4月採択）

　　＊ "Access T.O." とは，Access to City Services for Undocumented Torontonians の略称で，市議会決議8.4が採択された頃からトロント市の公文書や研究者の間で用いられるようになった。本稿でも以後，この略称を用いる。

カナダにおいてもキリスト教教会による庇護の実行はあり，現在も存在する[9]。しかし，トロント市の聖域政策は，宗教的な実行が発展した形態であると評価するよりも，移民問題が社会的に大きな問題を引き起こし，それへの対応を求める市民運動に応じる形で行われたと評価し得る。もっと

も，キリスト教教会による庇護の対象となるのは，難民申請者である場合が多い。

　また，トロント市が市議会決議18.5の採択を検討していた期間において，カナダ連邦政府の移民政策の変更によって2015年に在留資格を有しない労働者が増えることに警鐘が鳴らされていた。連邦政府は2011年に，「一時滞在の外国人労働者計画（the Temporary Foreign Worker Program）」に基づいて外国人労働者に発給される就労許可の期間を最大で4年間とし，就労許可の再申請をする場合は，最初の就労許可の期間が終了してから4年が経過していなければならないとした。したがって，2015年に一時滞在の外国人労働者計画に基づいてカナダ国内で就労していた外国人労働者の多くが就労を継続できなくなり，その一部が不法滞在となって就労を継続する可能性があったのである。トロント市ではこうした労働者が数千人になるとの予測がなされた[10]。

　日本においても，実質的に労働力として期待され来日した技能実習生の日本国内での失踪や最長5年間と定められた滞在期間終了後の不法残留が問題となっている。また労働力不足を理由に2019年から導入された新しい在留資格の「特定技能1号」も在留期間を最長で5年間としており，不法残留の問題を生じさせる可能性がある。そうした中で，不法滞在となった外国人労働者に対する政策であるトロント市の聖域政策は，同じような問題を抱える日本の（地方都市の）外国人労働者政策になにがしかの示唆を与えるものとなろう。また，トロント市の政策には宗教的な背景がほとんどないことから，日本にとって参照しやすい事例となろう。本稿はそうした観点から，カナダでのパイロット・ケースであるトロント市の聖域政策を紹介することに主眼を置く[11]。

　なお，「証明書をもたない」という用語は，「非正規（irregular）」とともに，国連総会が1975年に，国連機関と専門機関に対して公文書で用いることを要請[12]してから用いられるようになった。この要請の背景には，「不法移民」といった用語が常に移民に罪があるような印象を与えるため，そ

れを避ける目的があったとされている。[13]トロント市は市議会決議18.5で「証明書をもたない労働者」と「証明書をもたない居住者」の双方の表現を併記していたが，市議会決議29.11以降で「証明書をもたないトロント市民」の表現を用いるようになり，決議の内容からも，聖域政策の対象を連邦政府の法律によってカナダ在留が違法とされ，または在留が不安定な状態の者としていることがわかる。

1 聖域政策の概要

　トロント市は，一連の聖域政策を，「証明書をもたないトロント市民が市の提供するサービスにアクセスすること」と題した自身のホームページで解説している。まず，ここに記載された内容を紹介しながら，同市の聖域政策の概要を明らかにしよう。このホームページはまず，同市の聖域政策を次のように説明している。

　　　トロント市議会は2013年2月に，トロント市民が，在留資格に関係なく，在留資格の証明を要求されるという恐怖をすることなしに市が提供するサービスにアクセスできるようにする責任（commitment）をもつことを再確認（reaffirm）した。証明書をもたないトロント市民が市の提供するサービスにアクセスすること（Access T.O.）が目的とすることは，この脆弱な立場の人々へのカスタマー・サービスを改善することにある。そのため，市の職員が効果的な市のサービスを提供するために必要で関連する情報を有するようにする。[14]

ここから，トロント市の聖域政策の概念の中心にAccess T.O.があり，その実現の条件として，証明書をもたないトロント市民が，「在留資格の証明を要求されるという恐怖をすることなしに市が提供するサービスにアクセスできる」（以下，「恐怖することのないアクセス（Access without fear)」）という概念があることがわかる。証明書をもたない者は，連邦法である移民難民保護法に違反する状態でのカナダ滞在である。こうした者

は，そうした状態を明かす必要に迫られて，自身に必要な市のサービス（たとえば緊急医療サービスなど）を受けた場合，近い将来，自身が退去強制処分を受けることは容易に予測できる。したがって，こうした人々は自身に必要な市のサービスを受けることを控えてしまう。そのため，市がこうした人々にサービスを提供するためには，その在留資格を尋ねないことが重要となる。

　ただ，提供されるサービスの性質上，市は在留資格を尋ねる必要がある場合があろう。その場合，その過程で収集した在留資格関連の情報をどのように扱うか，つまり証明書をもたない者の情報を国外退去を執行する権限のある連邦政府に直接的にも間接的にも伝達しないことが，Access T.O.の実施には重要となってくる。この点に関して，トロント市は，同じホームページで，「他の官公庁に対する個人情報の公開」とする項目を設けて，「都市についての情報の自由・プライバシー保護法（Municipal Freedom of Information and Protection of Privacy Act）に基づいて，トロント市は他の官公庁に対して個人情報を開示しない」としている。ただし，個人情報を開示する例外として，①法執行機関による捜査に開示が必要と市が認めるような場合と，②法律の規定が開示を要請している場合を挙げているが，これらは「厳格に制限的に」運用することも明記している。

　証明書をもたない者に関する情報を，市がサービスを提供する過程で収集せず，収集したとしてもその情報を流通させないようにすることは，一般に「尋ねない，告げない（Don't Ask, Don't Tell）」と言われている。市議会決議8.4が，トロント警察に対する要望の一環としてこの用語を用いている（特に第4パラグラフ）。もっとも，上記ホームページでは，市が提供するサービスを42項目に分けて，それを受ける際に在留資格の証明が求められるものとそうでないものとに整理して紹介している（表1参照）[15]。市は，証明が求められるとされたサービスの提供をした場合，そこで収集した個人情報を上述の条件に従って，他の官公庁に公開することが可能となる。

表1　トロント市の提供するサービス

在留資格を問われずにアクセスできるサービス
24時間の簡易宿泊所(11)／AIDS，性の健康などに関する電話相談(12)／条例の執行／インテーク面接(central intake)(11)／市が運営する子どもの養育・保育プログラム(10)／コミュニティ及び経済再建チーム(11)／歯科診療所(12)／若年の子どもとその家族のためのセンター(10)／緊急歯科サービス(12)／緊急エネルギー基金(11)／緊急シェルター(11)／立ち退きの防止(11)／消防，食品取扱業許可プログラム／医療費支払困難者用の基金(12)／コミュニティにおける健康教育のワークショップ(12)／健康的な乳児と子ども計画(10)／311番からの情報取得／図書館利用証(15)／救急救命(12)／ペット飼育許可／出生前から出生後までのケア(10)／総合的に診る医療の診療所(12)／建築に関する査察／リクリエーション施設(15)／認定健康教育セッション(12)／311番の市へのサービス提供要請／シェルターの環境評価と紹介(11)／路上訪問支援(11, 12)／賃借人用のホットライン(11)／賃借人支援助成金(11)／トロント雇用及び社会サービス雇用センター(6)／トロント就学前会話・言語サービス(11)／予防接種計画(12)／リクリエーション計画利用のための資金助成を歓迎する政策(15)
在留資格が問われることを条件にアクセスできるサービス
シェルター居住者への基本的ニーズの手当(11)／子どもの養育・保育に対する無償補助(10)／オンタリオ・ワークスまたはオンタリオ障害者支援計画からの資金援助(6, 9)／住宅手当(11)／商業，貿易及び運輸に関する免許と認可／公営住宅入居希望リスト(11)／タクシー業の免許

注：サービス項目の掲載順は，トロント市のホームページに掲載された順番の通り。

　トロント市は1990年代に，オンタリオ州から社会福祉サービス分野で多くの責任を委譲された。そして，この分野のサービスを最も必要としているのが，社会的弱者である証明書をもたないトロント市民である。そして，このサービスの多くが社会権を保障するためのものと性格づけられる。表1で，各サービス項目の後に筆者がつけた（　）内の番号は，「経済的，社会的及び文化的権利に関する国際規約」（以下，「社会権規約」）の条文番号で，括弧がつけられた項目は，括弧内の条文が保障の対象にしていると考えられることを示す。

　上記ホームページでは，市議会決議18.5の第1パラグラフと同じく，トロント市民が恐怖することのないアクセスをできるようにするのは市の「責任」であるとしている。この点に着目して，市議会決議18.5は，トロント市の聖域政策が市の職員に対して次のことをしないようにするための

ものであるとの評価もある[17]。
　(1)サービスを提供する際に，在留資格を調査すること。
　(2)在留資格のない居住者に提供されるべきサービスを提供することを拒否すること。
　(3)連邦法または州法によって，連邦当局と個人識別情報を共有することを要請されていない場合に，そうした共有を行うこと。
　実際，決議18.5では第2パラグラフで，続く決議29.11では第3パラグラフで，市職員に対する訓練が強調されていることから，こうした評価は妥当である。

2　聖域政策に至るトロント市議会の動き

　ここでは，市議会決議18.5に至るまでのトロント市議会の動きをたどることとし，聖域政策採択に至った要因を整理しよう。なお，本稿「はじめに」でも触れたが，トロント市の聖域政策採択の大きな原動力となったのは市民運動である。この点については先行研究があり[18]，また紙幅の関係から本稿では扱わない。
　市議会決議18.5は，2012年10月に市の社会的発展，財政及び行政局の事務局長から市議会のコミュニティ開発及びレクリエーション委員会に2012年10月に提出された報告書「トロントにおける証明書をもたない労働者」[19]が基礎となっている。そこで，同決議採択に至った理由を探るため，本報告書の記載内容を紹介しよう。なお，本報告書は，これまでトロント市議会に提出され検討された他の報告書を踏まえたものとなっている[20]。
　本報告書の内容を簡潔に要約すると，①証明書をもたない労働者が多く発生したのは，連邦政府の移民政策が原因であること，②こうした労働者はカナダ経済の発展に貢献している，③それにもかかわらず，劣悪な条件にさらされ救済の機会がない，ということになる。
　具体的には，①については次の通りである。2006年に一時滞在の外国人

労働者計画に基づいて連邦の移民政策の変更がなされ，2010年以降，一時滞在の資格での移住労働者の数が，永住の資格をもつ経済移民の数を上回るようになった。ただ，こうした労働者が従事できる業種では労働需要が十分ではなく，そしてこの資格で入国した者には永住者の資格や市民権を獲得する術が用意されていないため，これらの者は証明書をもたない者へとなった。カナダにおいては，証明書をもたない者の人数に関する公的な統計は行われていないが，20万人から50万人の間と言われており，そうした者の半数がトロント市に在住している。

②については，証明書をもたない労働者は，住まい，食料などの基本的なニーズを購入し，州の消費税を支払うことで，カナダ経済に貢献しているとしている。そして③について，こうした人々は，農業，建設業，製造業，家庭内労働などに従事しているが，これらは危険で低賃金の労働で，雇用主からの不公平な解雇や搾取から保護されていない状態にある。こうなった理由として，雇用保険，オンタリオ・ワークス，オンタリオ障害者支援プログラムといった公的なサービスを受けることができないことが挙げられている。

このような報告書の内容から，トロント市において，同市で増え続ける証明書をもたない労働者に対する保護は，③の人権保護の要因からだけではなく②の経済的要因からも行うべきとのコンセンサスが形成されていたことがうかがえる。市議会議員ポール・アインスリー（Paul Ainslie）は，②を重視して市議会決議18.5に賛成票を投じた旨の発言を行っている[21]。

3　聖域政策の適用範囲

証明書をもたない市民は日常生活の中で必要に応じて，現地警察であるトロント警察のサービスを受ける場合があり，その際，恐怖することのないアクセスが保証される必要がある。その理由として，証明書をもたない者が犯罪の被害にあい，警察に相談に行こうと考えるも，在留資格がない

ことを理由に逮捕され，国外退去につながる恐れを感じた場合，警察に行けなくなることが挙げられる。これは犯罪加害者を野放しにすることとなり，証明書をもたない者に対する犯罪を助長することにもなる。また，在留資格を有しない者が犯罪の目撃者となった場合，上述の恐怖があれば，警察に目撃情報を提供できず，結果犯罪捜査に支障をきたす。したがって，聖域政策を十分に機能させるために，トロント市の聖域政策はトロント警察の活動を対象に含める必要があるが，これは現行法制上不可能とされている。その理由は，トロント警察の方針決定はオンタリオ州の排他的権限であるからである。そこで，ここでは，聖域政策をめぐるトロント市とオンタリオ州との関係をトロント警察の活動の視点から検討し，加えて同市と連邦政府との関係についても触れることとする。

1 警察活動に関するトロント市とオンタリオ州との関係

カナダ憲法上，州内の法の執行は州の管轄とされていることから，州が独自の警察法を制定し州内の警察活動をすることができる。オンタリオ州は，警察活動法（Police Service Act）を定めて州内の警察活動の責任を担っている。トロント市ではこの警察活動に対して，オンタリオ州の組織ではあるが，7名の民間人から成るトロント警察活動審議会（Toronto Police Service Board）（以下，「審議会」）が設けられ，これが州の警察活動を監督している。トロント市議会は，この7名のうち4名を指名することができるため，この審議会を通じて間接的にトロント警察に影響を及ぼすことができる。

なお，カナダ憲法は市の権限について定めた規定をもたず，市の権限は州が憲法上もつ権限を委譲された形をとる。トロント市の権限は，トロント市法（City of Toronto Act）により定められている。同法は，同市の権限を保健，経済，社会問題，環境問題など広範に認めるものの，警察活動そのものに対しては認めていない。これを前提に，2006年に審議会が「尋ねない」政策を「法的地位をもたない被害者及び目撃者」と題する文書の中

で採択した事情をミア・ハーシュコウィッツ（Mia Hershkowitz）他の分析[27]を辿りながら紹介したい。

　2005年まで，トロント警察の警察官が，犯罪被害者や犯罪の目撃者などの在留資格を調査することに関して定めた手続きや政策等は一切なく，かかる調査はすべて現場の警察官の裁量に委ねられていた。この裁量に関する問題を，審議会が検討し，前述の2006年の文書を採択した。そこでは，「犯罪被害者と犯罪の目撃者は，真正な（bona fide）理由がない場合には，その在留資格を尋ねられない」とされた。「真正な」理由とは，2017年の審議会の報告書によると，在留資格に関する情報が犯罪を証明する要素になる場合や，警官や公衆の安全にとって極めて重要であることが明白な事態などを指す[28]。ハーシュコウィッツ他は，後者の例示は広い裁量を依然として認めるものであると批判しており，また，この点を市議会決議8.4の第2パラグラフの（b）も指摘していることから，いまだ解決されていないことがわかる。また「尋ねない，告げない」政策のうち，「告げない」を採用しなかった理由は，審議会が文書を採択するために開いた作業部会の委員にトロント警察の警察署長が選出されていたことに求められるとハーシュコウィッツ他は分析している。そしてこの問題も現在まで続いている。

2　トロント市と連邦政府との関係

　市議会決議18.5が採択された際，連邦政府の移民難民市民権大臣であったジェイソン・ケニー（Jason Kenney）は，同決議が「不法移民がカナダに滞在することを助けるものであり，間違ったメッセージを伝えることとなる」として，聖域政策に反対の姿勢を示したことが報道されている[29]。しかし，連邦政府は現在まで，トロント市の聖域政策について公式の立場を示していない[30]。

　その一方で，トロント市はトロント市法で州から権限を与えられており，その8条1項は，「市は，公衆（the public）にとって必要なものと，また

は望ましいものと考える，いかなるサービスや材を提供する[31]」と定めている。この規定を根拠に，同市はサービスの対象を「公衆」つまり，トロント在住者に行ってきており，聖域政策を行うための法的根拠をここに見出すことができる。

　しかし，一連の聖域政策の宣言は市議会決議によってなされており，トロント市の条例（by-law）で実施されていない。条例で実施した場合，そこに法的拘束力が生まれ，条例の上位法である連邦法，この場合は，移民難民保護法に抵触する状態を作り出すことになる。筆者は聖域政策を条例ではなく市議会決議で行った理由を示す資料を見つけ出すことができなかったが，市議会決議で政策を進めることで連邦法との抵触という状態をさけ，聖域政策の進展を実質的に進めようとするトロント市の意図を見出すことができる。事実，こうした意図は，市議会決議18.5採択に至る検討の過程での，市の行政委員会の2005年の報告書の中に見て取ることができる。

　この報告書は，「証明書をもたない労働者を支援することに関する市議会決議」と題するもので，様々な問題が検討されている[32]。その一つに，トロント市が，証明書をもたない労働者を搾取したことで有罪判決を受けた企業と業務を行わないことを条例で定められるかどうかの問題が検討されていて，困難であるとの結論が得られている。その理由の一つは，地方自治法（municipal act）14条が，都市の条例が連邦法や州法と抵触した場合，無効とすると定めていることである[33]。つまり，上記の内容の条例をトロント市が可決した場合，同市は証明書をもたない労働者を搾取しない企業と契約することになるが，こうした企業は連邦法である移民難民保護法が禁止する労働者の在留状態を調査することなく外国人を雇うこととみなされる。つまり，トロント市は同法が禁止する行為を行う企業と契約することを条例で可能にしようとしていると，本報告書は結論づけている。

おわりに

　証明書をもたない労働者へのサービス提供を公的に認めるところから始まったトロント市の聖域政策は，いまやその対象を難民や難民申請者にまで広げている（市議会決議19.9）。その一方で，聖域政策の現場での実施が不徹底な状態であることが続いており，トロント市職員の聖域政策への理解が進んでいないなどの批判もなされている。聖域政策の現実的な実効性については，トロント警察の動きと合わせて，今後も注視していく必要があるだろう。

　聖域政策そのものへの評価については，市の政策決定者による，連邦政府の移民法と移民政策への「抵抗（defiance）」であると位置づけ，トロント市の聖域政策は，連邦が造り上げた人的管轄の範囲を壊し，都市に住むすべての住民に共通する同一性を構築しようとするものとして，その意義を積極的に評価しようとするものもある。こうした論説は，トロント市による国家の対内主権に対する挑戦であると捉え，国家主権が相対化する現象の一つとして聖域政策を捉えようとするものとみなせる。

　国際人権法では，証明書をもたない者に対しても国際人権条約が保障する人権を保障しようとする傾向がある。この観点からトロント市の聖域政策を鑑みると，同市は，カナダが批准した国際人権条約が保障を求める人権で，連邦政府が保障できていないものを保障しようとしていると評価できる。社会権規約委員会は，一般的意見20で社会権規約の諸権利は，法的地位や証明書の有無にかかわらず，すべての者に適用があることを表明している。そして，カナダに対する2016年の総括所見では，同国在住の証明書をもたない移民が医療にアクセスできないことへの懸念を，社会権規約12条の問題として表明している。表1が示すように，トロント市の聖域政策は，社会権保障の政策の性質が強い。カナダが国家として引き受けた社会権規約の義務をトロント市が引き受けていると考えることもでき，この

ように評価した場合は，国家の対内主権と市の聖域政策との関係は協調的または補完的であるともいえる。

現状ではさまざまな評価が可能なトロント市の聖域政策であるが，連邦政府がこの政策に今後どのような対応をとるか，またオンタリオ州がトロント市の働きかけにどのように応えるかによって，その評価が収斂することもあろう。

【付記】本研究はJSPS科研費19K01433の助成を受けたものである。

注

1　「米大統領令また差し止め　聖域都市への補助金停止認めず」『日本経済新聞』（電子版，2017年4月26日配信），https://www.nikkei.com/article/DGXLASGM26H12_W7A420C1EAF000/,last visited on May 31 2019. 安岡正晴「トランプ政権と聖域都市」『国際文化学研究』（神戸大学大学院国際文化学研究科紀要）48巻，2017年，221-245頁なども参照。

2　Harald Bauder, Sanctuary Cities: Policies and Practices in International Perspective, *International Migration*, 2016, pp.174, p.182.

3　*Ibid.*, pp.175-176.

4　City of Toronto, City Council Decision 18.5, http://app.toronto.ca/tmmis/viewAgendaItemHistory.do?item=2013.CD18.5, last visited on May 31 2019.

5　*Ibid.*

6　City of Toronto, City Council Decision 29.11, http://app.toronto.ca/tmmis/viewAgendaItemHistory.do?item=2014.CD29.11, last visited on May 31 2019.

7　City of Toronto, City Council Decision 8.4, http://app.toronto.ca/tmmis/viewAgendaItemHistory.do?item=2015.CD8.4, last visited on May 31 2019.

8　City of Toronto, City Council Decision 19.9, http://app.toronto.ca/tmmis/viewAgendaItemHistory.do?item=2017.CD19.9, last visited on May 31 2019.

9　Canadian Sanctuary Network, The legal Implications of Offering Sanctuary, http://sanctuarycanada.ca/userfiles/downloads/Legal-implic

ations-of-offering-sanctuary-May302014.pdf, 2017, pp.1-9., last visited on 31 May 2019.

10 Nicholas Keung, Toronto warned of surge of undocumented migrants in 2015, *Toronto Star* (electronic version), Jan 31 2013, https://www.thestar.com/news/canada/2013/01/31/toronto_warned_of_surge_of_undocumented_migrants_in_2015.html, last visited on May 31 2019.

11 カナダの都市による聖域政策に関する日本語の先行研究は，筆者が調べたところではほとんどない。なお，トロント市の宣言後，カナダでは同様の宣言を行う都市が続いており，その例として2014年のハミルトン市，2017年のモントリオール市などがある。

12 UNHCHR, WHY 'UNDOCUMENTED' OR 'IRREGULAR'?, https://www.unhcr.org/cy/wp-content/uploads/sites/41/2018/09/TerminologyLeaflet_EN_PICUM.pdf, last visited on May 31 2019.

13 近藤敦他編著『非正規滞在者と在留特別許可——移住者たちの過去・現在・未来』日本評論社，2010年，4頁。

14 City of Toronto, Access to City Services for Undocumented Torontonians, https://www.toronto.ca/city-government/accountability-operations-customer-service/long-term-vision-plans-and-strategies/access-to-city-services-for-undocumented-torontonians/, last visited on 31 May 2019.

15 City of Toronto, Identification Requirements to Access City Services, https://www.toronto.ca/community-people/moving-to-toronto/after-you-arrive-checklist/identification-requirements-to-access-city-services/, last visited on 31 May 2019.

16 自治体国際化協会『カナダにおける社会福祉サービスの提供』2008年，8頁（http://www.clair.or.jp/j/forum/series/pdf/48.pdf, last visited on 31 May 2019）。

17 Graham Hudson, Idil Atak, Michele Manocchi & Charity-Ann Hannan, Access T.O.:A Pilot Study on Sanctuary City Policy in Toronto, Canada, *RCIS Working Paper*, No. 2018/1, 2017, p.2.

18 A Short History of Access Without Fear in Toronto, *The web site of No One is Illegal-Toronto*, https://toronto.nooneisillegal.org/node/779, last visited on 31 May 2019, David Moffette and Jennifer Ridgley, Sanctuary City Organaization in Canada -From Hospitality to Solidarity, *Migration and Society: Advances in Research 1*, 2018, p.149, Graham Hudson et al., *supra*. 17, p.25.

19　City of Toronto, Executive Director, Social Development, Finance & Administration, Undocumented Worker in Toronto, https://www.toronto.ca/legdocs/mmis/2013/cd/bgrd/backgroundfile-55291.pdf,pp.1-8, last visited on May 31, 2019.
20　たとえば，政策及び財政委員会の報告書「在留資格書類を有しない労働者委員会の努力に対する支援」(2005年) など。*Ibid.*, p.2.
21　Donovan Vincent, Polling firm head says survey shows council out of step on sanctuary city, *Toronto Star* (electronic version) Feb 24 2013 (https://www.thestar.com/news/gta/2013/02/24/polling_firm_head_says_survey_shows_council_out_of_step_on_sanctuary_city.html, last visited on May 31 2019).
22　Mia Hershkowitz, Graham Hudson, Harald Bauder, Rescaling the Sanctuary City: Police and Non-Status Migrants in Ontario, Canada, *RCIS Working Paper*, No. 2019/3, 2019, p.8.
23　山崎由希子，Jean-François Tremblay，石田三成「第3章 カナダにおける国と地方の役割分担」『主要諸外国における国と地方の財政役割の状況』財務省財政総合政策研究所, 2006年 (https://www.mof.go.jp/pri/research/conference/zk079/zk079_03.pdf, last visited on May 31 2019), 197-200頁。
24　Mia Hershkowitz, et al., *supra* note 22, p.8.
25　Graham Hudson, et al., *supra* note 17, p.4.
26　Toronto Police Service, Victims and Witnesses Without Legal Status, http://www.torontopolice.on.ca/publications/files/victims_and_witnesses_wthout_legal_status.pdf, last visited on May 31 2019.
27　Mia Hershkowitz, et al., *supra* 22, pp.6-10.
28　Toronto Police Services Board, Minutes of the Toronto Police Services Board, http://www.tpsb.ca/component/jdownloads/send/42-2017/557-march-23, last visited on May 31 2019.
29　Nicholas Keung, Toronto as 'sanctuary city' for migrants: A good thing?, *Toronto Star* (electronic Version), Feb.22 2013 (https://www.thestar.com/news/immigration/2013/02/22/toronto_as_sanctuary_city_for_migrants_a_good_thing.html, last visited on May 31 2019).
30　Mia Hershkowitz, et al., *supra* note 22, p.3.
31　City of Toronto Act, 2006, S.O. 2006, c. 11, Sched. A, https://www.ontario.ca/laws/statute/06c11, last visited on May 31 2019.

32　City of Toronto, Administration Committee Report 6, Council Resolution on Support for Undocumented Workers, https://www.toronto.ca/legdocs/2005/agendas/council/cc050719/adm6rpt/cl003.pdf, p.4.
33　本報告書は，オンタリオ州法である地方自治法に基づいて議論しているが，トロント市に適用されるのは地方自治法ではなくトロント市法である。しかし，トロント市法は11条で地方自治法14条と同様の規定をもつので，本報告書の結論には影響はない。
34　David Moffette and Jennifer Ridgley, *supra* note 18, p.150.
35　Harald Bauder, *supra* note 2, p.179. See also, Jean McDonald, "Building a sanctuary city: municipal migrant rights in the city of Toronto", Peter Nyers and Kim Rygiel eds., Citizenship, Migrant Activism and the Politics of Movement, Routledge, 2012, 137.
36　「すべての移住労働者及びその家族の権利の保護に関する国際条約」の7条を見よ。但し，カナダはこの条約を批准していないので，本稿ではこの条約を論じない。
37　U. N. Document, General Comment NO. 20 (Non-discrimination in economic social and cultural rights), *E/C.12/GC/20*, 2009, para. 30.
38　U. N. Document, Concluding observations on the sixth periodic report of Canada, *E/C.12/CAN/CO/6*, 2016, p.9. 同様の懸念は，自由権規約委員会（Human Rights Committee）からも示された。U. N. Document, Concluding Observations on the Sixth Periodic Report of Canada, *CCPR/C/CAN/CO/6*, 2015, para. 12.
39　キリスト教教会による庇護の正当性を論じる際，これと似た議論が展開されてきた。See, for example, Canadian Sanctuary Network, *supra* note 9, p.1.

　　　　　　　　　　　　　　　　　　［敬和学園大学＝国際法学］

● 投 稿 論 文

4 対人地雷・クラスター爆弾禁止条約の非原加盟国に対する影響の考察

人道規範は軍事安全保障の論理を越えたのか

瀬戸 達也・藤田 泰昌

はじめに

　1999年と2010年に各々発効した対人地雷禁止条約とクラスター爆弾禁止条約は，化学兵器禁止条約や特定通常兵器使用禁止制限条約といった従来の多国間での兵器禁止・制限条約とは大きく異なる特徴を持つ。従来の多国間兵器禁止・制限条約が米国などの大国に主導されたのに対して，冒頭の両条約はNGOや有志の中小国が中心となり成立したのである。それゆえ，両条約の成立を目指す段階において多くの主要国が反対していた。

　それにもかかわらず両条約が成立した背景として，規範的な要因とNGOの貢献が強調されてきた。グローバルなNGOネットワークが，対人地雷やクラスター爆弾の問題を安全保障の問題としてではなく人道的な問題と捉えなおして提起したことで，一般市民の支持を得た。その結果，条約に当初反対していた政府に圧力をかけることに成功したというわけである。人道規範を前面に押し出したNGOや中小国の貢献が，二つの当該兵器禁止条約をもたらしたことは画期的なことであり，多くの研究が両条約の成立過程に着目してきた（足立［2002］；目加田［2009］；Cameron et al. [1998]; Price [1998]）。

だが，両条約を考えるにあたっては，先行研究が看過してきた課題が二つ残されている。第一に，いかにして両条約が成立したのかという成立「前」の段階に着目する一方，成立「後」に何が起こったのかについてはあまり着目されてこなかった。ここで本稿が着目するのが「非原加盟国」に対する両条約の影響である。非原加盟国とは，条約成立時点で加盟（署名および批准）しなかった国を指す[1]。両条約が成立した時点において，大国をはじめとする多くの国は加盟をしなかったが，これは事前に予測されていたはずである。それにもかかわらずNGOや中小国が条約成立を目指したのは，そして（多数の非原加盟国の存在にもかかわらず）その成立が評価されるのは，ひとたび条約が成立すれば，非原加盟国にも人道規範によって影響を与えるものになると考えられていることが一因だろう（たとえばHerby and Lawand [2008]）。条約の影響とは，まず加盟国に対する影響で考えるべきものではある。とはいえ，（当該兵器の全廃を目的としながら）多くの国が非原加盟国となった両条約においては，非原加盟国への影響は重要な意味を持つはずである。だが，この点については，当該兵器の使用を自粛している事例の存在などが指摘されるにとどまり，システマチックに分析したものはないのが現状と言える。つまり，当初の期待通りに，両条約が非原加盟国に影響を与えるものになっているかどうかについて，我々はまだ十分な知見を持ち合わせていないと言える。

　先行研究が看過してきたもう一つの課題は，両条約に関わる要因として，人道規範の側面が強調されてきた一方，安全保障要因についての検討は不十分なのではないかということである。兵器とは安全保障に関わる問題である。（前述のように）NGOなどの貢献で人道規範が安全保障の論理を乗り越えた結果として両条約が成立したとされるが，両条約の成立後についても人道規範が安全保障の論理を越えたのだろうか。

　以上二つの課題を踏まえ，本稿は，対人地雷禁止条約とクラスター爆弾禁止条約の非原加盟国への影響を左右する要因を探る。その際，規範要因と安全保障要因に着目する。両条約はその内容（非人道兵器の禁止）や成

立過程の類似性が指摘される一方，非原加盟国への影響において差異がある。非原加盟国のうち加盟した国の数や当該兵器使用国の数などにおいて，対人地雷条約の方がクラスター爆弾禁止条約よりも大きな影響を与えている。非原加盟国への影響の大きさにおいて，二つの兵器禁止条約はなぜ異なるのだろうか。本稿は，条約の非原加盟国への影響を左右する要因，言いかえれば非原加盟国の両条約への加盟を促す／思いとどまらせる要因を，規範要因と安全保障要因に着目して検証する。

全般的な傾向と個別事例に対する比較検証の結果，非原加盟国への影響を左右する要因としては，安全保障要因（軍事的有用性）が重要であることが示される。人道規範は諸国の加盟を促すアクセル要因であるものの，諸国の加盟にブレーキをかける軍事的有用性が，条約間での影響の違いを左右する主な要因であることが示唆される。

次節では，非原加盟国の中で当該兵器を使用した国の数や署名・批准した国の数において，対人地雷禁止条約の方がクラスター爆弾禁止条約よりも大きな影響を与えていることを示す。第2節にて規範要因と安全保障要因が，両条約の非原加盟国への影響にどのように左右すると推論されるのかを確認したうえで，第3節で検証結果を説明する。最終節では，本稿のまとめとインプリケーションを述べることとする。

1　二つの条約間での非原加盟国への影響の比較

本稿の目的は，対人地雷禁止条約の方がクラスター爆弾禁止条約よりも非原加盟国に影響を与えている原因を探ることにある。そこで，対人地雷禁止条約の方が実際に影響を与えていることをまず確認しよう。

両条約の非原加盟国への影響を測る尺度はいくつか考えられるが，以下の三つで確認することにする。①当該兵器を使用した非原加盟国の数の推移，②条約発効後に署名した非原加盟国の数の推移，そして③条約発効後に批准した非原加盟国の数の推移，である。

発効後の両条約の影響を比較するには，比較の条件を揃える必要がある。発効後，年数が経つほど条約から影響を受けた国が増えるのは当然であろう。クラスター爆弾禁止条約の影響に関するデータが得られるのは（本稿執筆時点で）条約発効後の7年間しかないため，クラスター爆弾禁止条約の影響を測れる期間は最大で7年となる。それゆえ，本稿では7年間のデータで両条約の比較を行う。

　では，具体的な数字を見ていこう。まず①当該兵器を使用した非原加盟国の数の推移である。図1から読み取れるように，兵器の使用において，対人地雷禁止条約の方が影響を与えている。条約が発効した年と発効7年後を比べると，対人地雷を使用した国の数が減少傾向にあるのに対して，クラスター爆弾はむしろ増加傾向にある。[2]

　次に，②条約発効後に署名した非原加盟国の数と③条約発効後に批准した非原加盟国の数について，条約間で比較してみよう（図2）。対人地雷禁止条約に署名した国の数は，条約が発効した時点（1999年）で139ヵ国だったのが7年後には157ヵ国になり，18ヵ国ほど増えている。他方，クラスター爆弾禁止条約の署名国数は，108ヵ国から118ヵ国になり，10ヵ国ほど増加している。条約発効時点で署名していた国の数は，対人地雷禁止条約の方がクラスター爆弾禁止条約よりも多かったが，その差は縮まるどころか開いている。元々の署名国数が多い対人地雷禁止条約の方が，署名国数を増やす余地は小さかったにもかかわらずその数を増やしていることから，対人地雷条約の方が署名国数増加という点でも影響を与えていると言えるだろう。そして同様の傾向は批准した国の数についても確認できる。

　以上から，条約の非原加盟国への影響を測る三つの指標のいずれにおいても，対人地雷条約の方が大きな影響を与えていることを確認できた。なぜこのような違いが生じたのかを次節以降で検討することにしよう。なお，次節以降では，加盟（署名および批准）国数の伸びに着目して分析を行う。兵器の使用に関するデータは Landmine monitor や Cluster munition monitor も認めるように正確とは言い難い一方，条約加盟については正確

図1　兵器を使用した非原加盟国の数

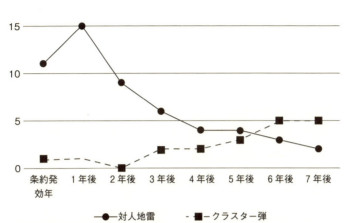

出所：Landmine monitor および Cluster munition monitor 各年版。

図2　兵器禁止条約を署名／批准した国の数

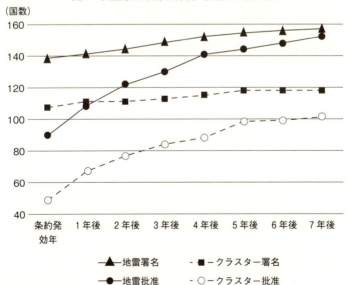

出所：図1に同じ。

に把握できるからである。

2 非原加盟国への影響を左右する要因：規範仮説と軍事的有用性仮説

対人地雷禁止条約とクラスター爆弾禁止条約とで，条約の非原加盟国への影響の大きさが異なるのはなぜか。非原加盟国に対して，加盟を促す／思いとどまらせる要因として，本稿は規範仮説と軍事的有用性仮説に着目する。以下，この二つの仮説がどのように条約の非原加盟国への影響を左右すると説明するかを確認しよう。[3]

1 規範仮説

両条約の成立における共通点として強調されるのは，当該兵器による人道被害を強調した人道規範こそが重要な要因ということである。規範が諸国の行動を左右するプロセスを説明するものとして，いわゆる「ライフサイクル論」が挙げられる（Finnemore and Sikkink [1998]）。ライフサイクル論によれば，規範は「生成」「拡散」「内面化」の三つの段階を経る。まず，組織的プラットフォームを持ついわゆる規範起業家による説得などによって，規範が「生成」される。対人地雷禁止条約やクラスター爆弾禁止条約であれば，後述する国際的なNGOネットワークがこの組織的プラットフォームにあたる。そして，一定程度以上の諸国の説得に成功すると当該規範の（諸国への）「拡散」が起こる。対人地雷の例では，1997年にフランスやイギリスが同条約を支持する決定を下したことが規範の拡散に貢献したとされる（Finnemore and Sikkink [1998] p.901）。この拡散以降の段階では，国内要因よりも国際的なプレッシャーが重要な要因になると考えられる。そして「内面化」の段階に至ると，諸国は該規範に沿った行動を当然のようにとるようになるとされる。

こうした規範を強調する議論に従えば，「（当該兵器は）非人道的兵器で

あり全廃すべき」という規範の拡散あるいは内面化の程度の違いが，条約間の影響の大きさの違いにつながったと推論されるはずである。実際，対人地雷禁止条約やクラスター爆弾禁止条約の成立過程に関する多くの研究は，国家安全保障の側面ではなく，人道規範の側面を強調してNGOや中小国がキャンペーンを行った結果，各国の当該条約に対する態度が変わり，両条約の成立に成功したと強調する（足立［2002］;目加田［2009］; Cameron et al.［1998］; Price［1998］; Rutherford［2000］）。本稿の分析対象は条約発効後という法化・制度化が進んだ状況であるため，拡散以降の段階と言える。そして拡散以降は，前述のように，国内要因よりも（NGOのキャンペーンのような）国際的要因が重要になる段階である。したがって，人道規範は（NGOなどのプレッシャーを介して）非原加盟国の加盟を後押しするアクセル要因として，条約の非原加盟国への影響を左右すると考えられる。

2 軍事的有用性仮説

軍事的有用性仮説によれば，対人地雷とクラスター爆弾の軍事的な有用性の違いという安全保障要因が，両条約の与える影響を左右すると推論される。[4] 国家がある兵器を所持するかどうかは，その国のおかれた安全保障環境次第であろう。たとえば，核兵器を保有するか否かは，当該国が安全保障上の深刻な脅威に直面しているか否かに大きく依存していることが示されてきた（Bell［2016］など）。同様に，対人地雷やクラスター爆弾でも，国家のおかれた安全保障要因が影響を与えていると考えられる。なぜなら，二つの兵器は異なる特徴を持つが，どちらの兵器の軍事的有用性が高いかは，安全保障環境次第だと推測されるからである。もし，近年の戦争や紛争においてはクラスター爆弾の方が相対的に有用性が高いのであれば，同兵器の方が非原加盟国に対する条約の影響は低いと予測される。また，クラスター爆弾の方が有用性を持つような安全保障環境におかれた国は，クラスター爆弾禁止条約には加盟しないと推測されよう。すなわち，軍事的有用性は，非原加盟国の条約加盟にブレーキをかける要因として，条約の

与える影響を左右すると考えられる。

3　検証

本節では，前節で述べた二つの仮説について，二つのアプローチで検証を行う。まず全般的傾向から二つの仮説を検証する。次に，各仮説の想定する因果メカニズムの観点から検証するために，個別事例を対象とした比較検証を行う。

1　全般的な傾向に関する比較検証

(1)規範仮説

まず，規範仮説を検証しよう。規範の拡散あるいは内面化の程度の違いが両条約の与える影響を左右するのだろうか。だが，多数の国における拡散や内面化の程度を直接観察することは困難である。そこで代理指標として，拡散や内面化の程度に影響を与える二つの指標（拡散や内面化を促す側の指標と促される側の指標）を用いることにしよう。

第一に，規範の拡散や内面化を促す側の指標として，両条約に関わってきたNGOの違いに着目する。対人地雷とクラスター爆弾の両禁止条約において重要な役割を果たしたとされる人道規範だが，その拡散や内面化は（前述のように）NGOが主体となって政府や市民社会へと規範を広く伝播してきたことに起因するとされるからである。もし関与するNGOの主体や活動方針が二つの条約において同様であるにもかかわらず，拡散や内面化の程度において条約間で違いがあるとすれば，規範仮説は疑わしいことになる。

もう一つの代理指標として，規範の拡散や内面化を促される側に着目し，政治体制の違いを用いる。体制の自由度（言論の自由など）が高い国では，市民の意向が政策に反映されやすいだろう。すなわち，体制自由度の高い国では，NGOなどの人道規範に基づくキャンペーンが市民の意向に，そ

して当該国の政策に反映されやすい。その結果，人道規範を基盤にして成立した条約の影響を受けやすいと考えられる。[5]

　では，第一の代理指標であるNGOの違いから規範仮説を検証してみよう。両条約に関わったのは異なるNGOだったのだろうか。対人地雷禁止条約では地雷禁止国際キャンペーン（以下，ICBL）が，クラスター爆弾禁止条約ではクラスター兵器連合（以下，CMC）が中心となり活動が展開されてきた。だが，これら二つのNGO連合には，Amnesty InternationalやHuman Rights Watchといった共通のNGOが数多く加盟しており，両NGO連合の間に明確な違いは存在しない。日本を例にとると，地雷廃絶日本キャンペーン（以下，JCBL）がICBLとCMCの双方に加盟しており，対人地雷禁止条約の時のみならず，クラスター爆弾禁止条約の時も政府への働き掛けなどを行った（目加田［2009］）。つまり，日本において両条約への加盟に向けて中心的役割を果たしたのは，JCBLという同一のNGOだったのである。そして2011年には，ICBLとCMCは合併してICBL-CMCという一つの団体になっている。条約成立後という本稿が焦点とする時期において，両条約の影響の最大化に向けて中心となって活動しているNGO連合は同一なのである。

　さらに，NGOの活動内容を確認しよう。たとえ同じNGO主体が活動を展開していても，両条約間で異なる活動方針がとられていれば，その影響の大きさも異なることが考えられるからである。実際，足立［2009］によれば，両条約の成立過程においてNGOの役割は異なったという。対人地雷禁止条約形成（オタワ・プロセス）時は「規範起業家」として，クラスター爆弾禁止条約形成（オスロ・プロセス）時は「認識共同体」としての役割を果たしていたとされる。こうした役割の違いが両条約の影響を左右したとの推論もできる。「規範起業家」と「認識共同体」では働きかけの主な対象が異なるからである。だが，JCBL代表理事の清水俊弘氏によれば，[6] NGO自身がそのように戦略を変更したり，活動内容に違いがあったという認識はないという。実際，認識共同体としての役割を果たしてい

たとされるオスロ・プロセス時においても，JCBL は規範起業家としての役割を果たしていた。日本政府が加盟に否定的な立場をとっている状況下で，JCBL は世論喚起を図る手段として，たとえばクラスター爆弾の被害者を日本に招くなどしている。こうした働きかけが，日本政府の政策変更をもたらした一因とされているのである（目加田［2009］142-176頁）。

次に，規範の拡散や内面化を促される側の指標である政治体制の違いから検討しよう。政治体制は，非原加盟国に対する条約の影響を左右するのだろうか。ここでは，当該条約への署名に焦点をあててみていこう。対人地雷禁止条約の発効後7年間に同条約に署名した国は19あり，そのうちフリーダムハウスによって「自由な政治体制」とされていた国は5ヵ国である。言い換えれば，14ヵ国もの体制自由度の低い諸国が，対人地雷禁止条約成立後に新たに署名したことになる。他方，クラスター爆弾禁止条約の発効後7年間に同条約に署名した国は10あり，「自由な政治体制」とされていた国は6ヵ国である。すなわち，クラスター爆弾禁止条約の方が，新たに署名した諸国の中で自由な政治体制の国が占める割合が高いにもかかわらず，新たに署名した国の数は少ない。さらに，対人地雷禁止条約に未署名の諸国で，自由な政治体制である国は米国や韓国などごく限られている。これらを勘案すると，政治体制は両条約を分ける主な要因とは考えにくいと言えるだろう。

以上のように，関与する NGO の種類や活動戦略，さらには政治体制のいずれの指標を用いても，規範要因が対人地雷禁止条約とクラスター爆弾禁止条約の間に大きな差をもたらしたとは言い難いことがわかる。

(2)軍事的有用性仮説

それでは，軍事的有用性仮説は両条約の違いを説明できるだろうか。まず両兵器の特徴を確認しよう。対人地雷は兵器として非常に安価であり，一度埋設すると爆発するまで半永久的に効力を発揮する。どこに埋設されているかも瞬時に判別することはできず，仕掛けられた地点を進むにあたって兵士にかかる心理的負担は非常に大きい（足立［2002］）。敵の自国領

土へ侵攻を阻止する時に効力を発揮するため，防衛に注力する国にとって地雷は有用性がある。ゆえに，地雷は自国よりも力が強い相手との紛争時に使用されやすいと考えられる。自国よりも力がある存在は非国家主体よりも他の国家である場合が多いと考えられることから，地雷は主として国家間の紛争・戦争時に使用されやすいと推測される。

　一方でクラスター爆弾は，一つの親爆弾に数十個から数百個の子爆弾が内包され，上空で炸裂すると同時に広範囲に子爆弾をばらまく兵器である。特定地点を攻撃するための兵器ではなく，一度の攻撃で広範囲の攻撃が可能となることから，効率的に攻撃ができるという特徴を有する（福田[2010]）。特に侵攻や敵地制圧に注力する国にとってクラスター爆弾は有用性を持つと言えよう。クラスター爆弾は国内外の非国家主体との紛争や内戦，さらに国家間戦争では自国の力が上回っている場合に用いられることが多いと推測される。地雷とは対照的に，自国が防衛よりも攻撃の機会が多いと想定される場合，クラスター爆弾の保有や使用が考慮されやすいと推測される。実際，クラスター爆弾は国内で使用されることが多く，さらに相対的に強い側が使用している兵器である（Cluster munition monitor [2018] p.14の表を参照）。

　上述のような二つの兵器の特徴の違いは，国家にとってクラスター爆弾の方が対人地雷に比べて相対的な軍事的有用性が高くなってきていると推測させる[7]。なぜなら，国家間で行われる戦争の頻度は下がる一方であり，発生したとしても相手国への陸上侵攻はほとんど行われていないからである。他方で増加傾向にあるのが，内戦や非国家主体と国家による紛争である[8]。国家と非国家主体による紛争等の増加は，クラスター爆弾の有用性が相対的に上昇していることを示唆する。そして，クラスター爆弾禁止条約の成功の阻害要因となっていることを推測させる。

　以上をまとめると，人道規範が条約加盟を促す要因であることは否定できないにしても，二つの条約の非原加盟国への影響を左右する要因としては，軍事的有用性への考慮というブレーキ要因が重要であることが示唆さ

れたと言えよう。

2 個別事例での比較検証

全般的傾向に関する検証では，軍事的有用性が重要な要因であることがわかった。では，軍事的有用性仮説の想定するような因果メカニズムが実際に働いているのだろうか。規範仮説から想定されるような因果メカニズムは観察されないのだろうか。この点を確認するべく，ここでは二つの国を取り上げて比較検証を行う。少数の個別事例を対象とする本款では，事例選択が重要な意味を持つため，事例選択の基準を説明することから始めよう。

(1)事例選択

本稿の問いは，非原加盟国が二つの当該条約に加盟するのを促す／思いとどまらせるのはどのような要因なのか，である。したがって，「条約発効後のタイミングにおいて」加盟する／しないという選択をした事例を検証する必要がある。さらに，同一国が条約発効後のタイミングで加盟する／しないという選択を，双方の条約で行っている事例が望ましい。そのような国であれば，（比較可能性の整う）同一国内において加盟をした場合としない場合の比較が可能になるからである。そこで本稿は，両条約で非原加盟国の諸国のうち，「対人地雷禁止条約に加盟（署名および批准）したが，クラスター爆弾禁止条約には署名さえしていない国」と「対人地雷禁止条約には署名さえしていないが，クラスター爆弾禁止条約には加盟した国」を比較検証する。

条約発効後のタイミングで，対人地雷禁止条約には署名さえせずに，クラスター爆弾禁止条約に加盟した国・地域は二つ（キューバ，パレスチナ）に絞られる。この逆パターンで，対人地雷禁止条約に加盟した一方で，クラスター爆弾禁止条約には署名さえしない国は11ヵ国（ベラルーシ，ブータン，エリトリア，エストニア，キリバス，ラトビア，パプアニューギニア，セルビア，タジキスタン，東チモール，トルコ）に限られる。これらの中で，

政治体制や国の規模といった諸国の行動に影響を与えうる要素での類似性やデータ入手可能性を踏まえて，比較検証に望ましい対象国としてトルコとキューバを選択した。トルコは（条約発効後の）2003年9月25日に対人地雷禁止条約に，キューバは（条約発効後の）2016年4月6日にクラスター爆弾禁止にそれぞれ批准している。しかし，両国とも他方の条約には未署名のままである。なぜ一方の条約に加盟したにもかかわらず，他方には加盟しないという選択を続けているのだろうか。

(2) 規範仮説の検証

規範仮説は，トルコとキューバの加盟／非加盟パターンの違いを説明しうるだろうか。ここでは，未署名の条約が禁止する兵器の非人道性について，両国がどのように認識しているかを確認しよう。もし未署名の条約が掲げる人道規範に両国が理解を示しているならば，両国にも当該規範は拡散あるいは内面化されており，規範仮説が妥当しないことがわかる。

まず，トルコは自国が非加盟の条約が禁止するクラスター爆弾の非人道性に理解を示してきた。たとえば，同国の外務大臣は NGO のヒューマン・ライツ・ウォッチへの書簡で，クラスター爆弾禁止条約の人道的目標に対する支持を表明しているのである。さらには，トルコはクラスター爆弾禁止条約に署名していないとはいえ，同条約の会議にオブザーバーとして出席してもいる。すなわち，トルコは同条約で掲げられている人道規範に理解を示し，条約に関わろうとしていることがわかる。

他方，キューバも対人地雷禁止条約には署名していないにもかかわらず，特定通常兵器使用禁止・制限条約会議において，対人地雷が人道規範の面で問題があることを認めている。対人地雷の無差別使用に関する人道的懸念に理解を示しているのである。

以上のように，キューバやトルコが一方の条約には加盟して，他方の条約でも当該兵器の非人道性への配慮を明言している事実は，両国において人道規範が拡散あるいは内面化されていることを示唆する。両国は一方の条約には批准していることから，加盟していない条約における人道的懸念

の共有に関する発言はリップサービスとは言い切れないだろう。そして，規範が拡散あるいは内面化されているにもかかわらず，その規範を体現する条約に非加盟ということは，規範仮説は支持されないことを示している。

(3)軍事的有用性仮説の検証

軍事的有用性は，両国の行動にどう影響したのであろうか。まずトルコをみていこう。同国にとって，国内のクルド人独立派組織であるクルド労働者党（PKK）の存在が，クラスター爆弾の有用性を高めていると推測される。冷戦が終結してトルコにとっての脅威の源泉だったソ連が崩壊した後，ロシアとの関係改善が進んだ。最大の貿易相手国となるほどロシアとの経済関係の深化は進み，黒海海軍協力などの軍事協力も進むなど，ロシアとの関係は緊密化した（間［2017］）。そのロシアに代わりトルコの脅威認識を高めたのが，北イラク・クルド人問題であった（今井［2015］第2章）。クルド人は独自の国家を持たない世界最大の民族とされ，かつてはオスマン帝国内に独自の居住地を所有していたが，帝国解体後は列強による恣意的な国境策定により複数国に居住地が分断された。現在のトルコ国内には多くのクルド人が居住しているが，トルコの共和人民党政権は単一民族主義をとり，クルド語などの少数民族の放送・教育を許可してこなかった。そうした中でPKKは独立に向けテロ行為を行ってきた。そして1991年の湾岸戦争を機に，北イラクに住むクルド人が独立国家建設を目指す動きを示したことで，トルコ国内に住むクルド人の独立運動が活発化し，国内情勢の不安定化につながった。これ以降トルコ軍とPKKの軍事衝突が繰り返されることになった（今井［2015］第2，3章）。2011年に始まるシリア内戦にトルコが関与した一因も，PKKとの関係が深いシリア民主連合の動きが同内戦によって活発化したことにあった（今井［2015］第4章）。PKKによるテロ行為やいったん結ばれた停戦合意の破棄と政府による空爆など，両者の対立は現在まで続いており，その戦闘においてトルコ政府軍がクラスター爆弾を使用したとの報道もある[12]。このように，国内非国家主体との紛争がトルコ政府にとってのクラスター爆弾の有用性を高め，

クラスター爆弾禁止条約に非加盟という選択の一因になっていると思われる。

次に，キューバを検討しよう。同国の対人地雷は特にグアンタナモ湾に敷設されており，その目的は米国の脅威への対処にあるとされる。1959年のキューバ革命や1962年のキューバ・ミサイル危機を通じて，キューバと米国は対立関係に至った。1961年以降2015年に至るまで両国間は国交を断絶しており，現在まで続く経済制裁のほか，1982年には米国がキューバをテロ支援国家に指定した[13]。そして両者の対立関係は，1983年の米国によるグレナダ侵攻で決定的なものとなった。当時のグレナダに親ソ左派政権が誕生し，レーガン政権は米国人保護を名目として侵攻を決定したのである。この侵攻で，米軍はグレナダに駐留していた数百名のキューバ人兵士・工作員らとの戦闘をほぼ3日で制したという。武力を使ってでも共産主義勢力を一掃するという強い意志が誇示されたものであり，キューバの対米脅威認識は劇的に高まった（上［2016］43頁）。グレナダ侵攻の後，キューバ政府は米国に攻め込まれることを危惧し，国防強化を急いだとされ（上［2016］46頁），地雷敷設はこの侵攻の直後に行われた[14]。実際，キューバの駐コロンビア大使は，2009年のオタワ条約第2回再検討会議において「地雷は防衛戦略の重要な役割を担っており，グアンタナモ湾における領土防衛のため」と述べ，さらに「米国がキューバに対して平和協定・不可侵協定を結ばない限り政策変更はない」と2010年の国連総会で述べている[15]。このように，対人地雷禁止条約に加盟しないというキューバの選択は米国からの脅威に由来したものであり，自国よりも強大な国との安全保障環境が対人地雷の軍事的有用性を高めた結果と推測される。

以上より，トルコがクラスター爆弾禁止条約に，キューバが対人地雷禁止条約にそれぞれ加盟しない理由が，国内外の安全保障情勢にあることが分かった。両兵器が人道規範にもとることを理解しながらも，その軍事的有用性が両国の条約加盟を妨げていると考えられる。

おわりに

　対人地雷禁止条約とクラスター爆弾禁止条約で，非原加盟国に与える影響が異なるのはなぜか。多くの先行研究は，両条約の成立前というタイミングに着目し，両条約の成立に影響したものとして規範要因を強調してきた。これに対して，本稿は条約成立後に着目し，非原加盟国の加盟を思いとどまらせる要因として，当該兵器の軍事的有用性という安全保障要因の重要性を提起した。

　全般的傾向と個別事例という二つのアプローチでの検証の結果，非原加盟国への影響を左右する要因としては，軍事的有用性という安全保障要因の重要性が示された。非原加盟国への規範的な影響が期待された二つの兵器禁止条約だが，条約成立後の影響を左右する主な要因としては軍事的有用性が重要なことが示唆された。より多くの事例による再検証で，知見の信頼性を高めることが今後の課題の一つとなる。

　本稿は，人道規範や NGO が両条約成立後に果たした役割を否定するわけではない。両条約に共通して規範要因が効いているために，両条約の違いを分析する際にはその効果は表れないだけなのだとも言いうる。しかし同時に，その両条約間の差異は，人道規範への働きかけでは埋まらないということを，本稿の分析結果は示唆している。

　（核不拡散条約成立後の）核拡散を左右する要因として安全保障環境が重要であると数多くの研究が指摘してきたことに鑑みれば，核兵器のような絶対兵器であろうと，対人地雷やクラスター爆弾のような通常兵器であろうと，多国間兵器規制条約（成立後）の影響力を左右する重要な要因は，安全保障にあることが示唆される。そして，本稿の分析結果は核兵器禁止条約の今後にも示唆を持ちうるかもしれない。核兵器禁止条約を目指す過程で中心的な役割を果たした NGO ネットワークの ICAN（核兵器廃絶国際キャンペーン）は，その戦略において（すべての主要国による加盟を諦めて

条約成立を図るなど）対人地雷条約やクラスター爆弾禁止条約の事例を参考にしているからである（Mekata [2018]）。NGO は兵器廃絶に向けたキャンペーンにおいて，安全保障ではなく人道規範の問題として兵器問題を取り上げることで成功してきたとされる。だが，安全保障と人道規範を二者択一と捉え，人道規範への働きかけに集中する戦略は，（少なくとも条約成立後は）効果的ではないのかもしれない。

【付記】本研究を進める過程で，溝口文さんにデータ収集などで支援いただきました。JCBL の清水俊弘氏と外務省職員の方には，インタビュー調査でご協力いただきました。さらに，日本平和学会九州地区研究集会にて近江美保氏をはじめとする方々から，そして草野大希氏など多くの方からも貴重なコメントをいただきました。この場を借りて御礼申し上げます。

注

1 非原加盟国とは，その後加盟したか否かにかかわらず，「条約成立時点において」加盟しなかった国を指す。
2 当該兵器の製造を否定しない国の数の推移という指標でも，同様に，対人地雷禁止条約の方が大きな影響を与えている。
3 本稿は，人道規範と安全保障以外は重要な要因ではないと主張するわけではない。他にも様々な要因が考えられるが，紙幅の関係もあり，最重要な要因と考えられる二つの要因に絞って議論を展開している。ここで，考えうる対抗仮説をいくつか列挙しよう。1）いわゆる現実主義の考え方に従えば，同盟関係のような安全保障上の協力関係を結んでいる大国と同様の行動を諸国はとると予測される。だが，米露のような大国は本稿の対象とする両条約に非加盟だが，その同盟国の多くは加盟している。2）クラスター爆弾の方が対人地雷よりも保有国の数が少ないという事実は，前者の方が加盟国は多くなると推測される。だが，実際はその逆である。3）代替兵器の多様性による影響も考えられる。だが，対人地雷の方が代替兵器に（遠隔操作，対車両地雷など）多様性があることは，多くの代替兵器が存在する対人地雷条約の方が（本稿の仮説の通り）軍事的有用性が相対的に低いことを示すものと言える。
4 福田 [2010] も軍事的必要性が当該条約の影響を左右すると指摘する。

だが，軍事的有用性が諸国の行動に影響しているかどうかをシステマチックに検証したわけではない。
5 対人地雷条約への調印に対する規範の影響を探る研究や（足立［2002］），核拡散に関する研究でも（Bell［2016］），政治体制は考慮される要因である。
6 2018年1月17日に行ったインタビュー調査による。
7 ここで述べているのは，クラスター爆弾の方が「対人地雷に比べて」軍事的有用性が高くなっているということであり，クラスター弾が「以前に比べて」使用しにくくなっていることを否定しているわけではない。
8 たとえば国家間戦争は2010年代から起きていない。Center for Systemic Peace ウェブサイト "Trends by Armed Conflicts Type"（https://www.systemicpeace.org）を参照のこと。
9 ICBL ウェブサイト "Turkey: Cluster Munition Ban Policy"（http://www.the-monitor.org/en-gb/reports/2017/turkey/cluster-munition-ban-policy）2018年10月29日アクセス。
10 同上。日本の外務省も，オブザーバーとしての会議への参加有無を，当該国の条約に対する意向に関する参考情報としている（2018年1月18日に行った外務省でのインタビュー調査による）。
11 ICBL ウェブサイト "Cuba: Mine Ban Policy"（http://www.the-monitor.org/en-gb/reports/2017/cuba/mine-ban-policy）2018年10月29日アクセス。
12 "Turkey 'using illegal cluster bombs' against Kurds" *Morning Star* May12, 2018（https://morningstaronline.co.uk/article/turkey-using-illegal-cluster-bombs-against-kurds）2018年11月15日アクセス。
13 米・キューバ関係の経緯については，酒谷［1997］なども参照のこと。
14 ICBL ウェブサイト "Cuba: Mine Ban Policy"（http://www.the-monitor.org/en-gb/reports/2017/cuba/mine-ban-policy）2018年10月29日アクセス。
15 同上。

参考文献

Bell, M. S.［2016］, "Examining Explanations for Nuclear Proliferation," *International Studies Quarterly*, 60(3).
Cameron, M. A., R. J. Lawson and B. W. Tomlin, eds.［1998］, *To Walk*

without Fear: The Global Movement to Ban Landmines, Toronto: Oxford University Press.

Finnemore, M. and K. Sikkink [1998], "International Norm Dynamics and Political Change," *International Organization*, 52(4).

Herby, P. and K. Lawand. [2008], "Unacceptable Behavior: How Norms are Established," in J. Williams, S. D. Goose and M. Wareham eds., *Banning Landmines: Disarmament, Citizen Diplomacy, and Human Security*, Lanham: Rowman & Littlefield.

International Campaign to Ban Landmines – Cluster Munition Coalition (ICBL-CMC). *Cluster Munition Monitor* (each year).

International Campaign to Ban Landmines – Cluster Munition Coalition (ICBL-CMC). *Landmine Monitor* (each year).

Mekata, M. [2018], "How transnational civil society realized the ban Treaty: An interview with Beatrice Fihn," *Journal for Peace and Nuclear Disarmament*, 1(1).

Price, R. [1998], "Reversing the Gun Sights," *International Organization*, 52(3).

Rutherford, K. R. [2000], "The Evolving Arms Control Agenda: Implications of the Role of NGOS in Banning Antipersonnel Landmines," *World Politics*, 53(1).

足立研幾［2002］,「対人地雷全廃レジーム形成過程の分析」『国際政治』130号。

足立研幾［2009］,「オスロ・プロセス：クラスター弾に関する条約成立の含意」『国際安全保障』第36巻第4号。

今井宏平［2015］,『中東秩序をめぐる現代トルコ外交——平和と安定の模索』ミネルヴァ書房。

上英明［2016］,「外交から国内政治へ——移民交渉、ラジオ・マルティ、および米・キューバの対立が冷戦後に持ち越されたことについて」『ラテンアメリカ研究年報』第36号。

酒谷隆［1997］,「キューバをめぐる国際情勢の変化」『海外事情』第45巻2月号。

間寧［2017］,「トルコの政治変動と外交政策」六鹿茂夫編『黒海地域の国際関係』名古屋大学出版会。

福田毅［2010］,「クラスター弾に「烙印」は押せるか——オスロ・プロセスをめぐる言説の分析」『国際安全保障』第37巻第4号。

目加田説子［2009］,『行動する市民が世界を変えた——クラスター爆弾禁止運動とグローバル NGO パワー』毎日新聞社。

［積水ハウス株式会社＝国際関係研究］
［長崎大学＝国際政治学］

5　民主化支援の今日的課題

市民社会スペースの制約の問題を中心に

杉浦　功一

はじめに

　現在，世界的にデモクラシーの質が悪化し民主化が後退しているとされる。対して，民主化の「第三の波」以降，国際的に民主化を促進・擁護してきた民主化支援はどう対応し，どのような課題に直面しているのであろうか。民主化支援の研究では，最近の民主化の後退への対応の考察は端緒についたばかりである。比較政治学では民主化の後退に関する研究が増えつつあるが，民主化支援を含めたその国際的な側面に焦点を当てたものは少ない（川中［2018］）。そこで，本稿では，デモクラシーと民主化の現状を概観したうえで，それに対応しようとする民主化支援の直面する困難と課題を，特にNGOなど市民社会組織が活動できる環境としての市民社会スペースの制約の問題に注目しながら明らかにしたい。

　なお本稿では，デモクラシーを「人民による統治」という最も一般的な意味で用いて，一般的な日本語の言い回しに合わせて使い分ける。デモクラシーは多様な意味を持ち，それ自体が国際的な争点である。「民主化」は，デモクラシーの実現へ向かう過程であり，比較政治学では，政治体制が競合的選挙を中心に制度的に民主的なものへと移行し定着する過程を指すことが一般的であるが，既存の民主主義体制の改善も含みうる。「民主化支援」も多義的だが，ここでは政府や国際機構，国際NGOなど多様な

アクターによる，技術・資金援助から外交的手段，強制的手段まで含む民主化の促進・擁護を目的とした活動全般という広義の意味で用いる（杉浦［2010］）。

1　世界のデモクラシー・民主化の現状

1　世界的なデモクラシーの後退

　近年のデモクラシーに関する国際評価では，民主化が停滞ないし逆行し，既に民主的な国家でもデモクラシーの質が悪化する傾向が指摘されている。NGO フリーダムハウスは，各国の政治的権利と市民的自由の程度を評価して自由度指標を算出しているが，2006年以降，数値が悪化した国の数の方が改善した国より多い状態を指摘している。2018年も50ヵ国でスコアの改善が見られた一方，68の国で悪化した（Freedom House ［2019］）。

　エコノミスト・インテリジェンス・ユニット（EIU）のデモクラシー指数は，選挙過程と多元主義，市民的自由，政府の機能，政治参加，政治文化のカテゴリーについて，世論調査を含むより広いデータを元にスコアを算出し，総合して各国の民主性を評価する（EIU ［2018］ pp.61-78）。最高を10として数字が大きいほど「民主的」であるが，世界各国のスコアの平均は，2016年の5.52から2017年には5.48へ低下し，2018年も同じスコアである。2017年にはアメリカ含む89ヵ国でスコアが悪化する一方，27ヵ国で改善している。18年には42ヵ国で悪化，48ヵ国で改善しているが，民主主義国家に住む人口の比率は49.3%から47.7%に減少している（EIU ［2019］）。EIU は，選挙や政治への人々の参加の低下，政府の機能の弱体化，政府機関など制度への信頼の低下，主流の政党の魅力低下，選挙で選ばれておらず説明責任が欠如した専門家機関の影響力の増大，政治エリートと有権者の間のギャップの拡大，メディアの自由の低下，言論の自由の制限を含む市民的自由の浸食といった形でデモクラシーの後退が現れていると指摘する（EIU ［2018］ p.3; Diamond ［2015］）。

多様なデモクラシー（V-Dem）研究所は，長期的かつ包括的な政治体制に関するデータで最近注目されているが，その自由民主主義指数で，2008年から2018年の間に，21ヵ国で改善が見られる一方で，アメリカやハンガリーを含む24ヵ国で「権威主義化」が進んだと指摘する。特に，表現とメディアの自由，市民社会の自由，法の支配が，最も政府による攻撃にさらされている分野とする（V-Dem Institute［2019］pp.17, 21-24）。

このような10年に及ぶデモクラシーと民主化の後退の傾向で，自由民主主義体制ではなく，かといって独裁体制でもない「競争的権威主義体制」（Levitsky and Way［2010］）などと呼ばれる「混合体制」で留まる国家が増加している。その中にはカンボジアやトルコのように，かつては民主化が評価された国家も含まれる。ハンガリーのように民主主義体制が定着したはずの国家でも，結社や言論の自由の制約など非自由主義的な傾向が強まっている。

このように，既存の民主主義国家を含めて，世界的なデモクラシーの質の悪化と民主化の後退・停滞が最近目立っている。しかも，それは，軍事クーデターや憲法の停止といったあからさまで短期的な事態よりも，政権による権力の濫用や制度の改変・空洞化を通じた漸進的で長期的な民主的制度の「浸食」によってもたらされている（川中［2018］）。上述の評価で指摘されるように，その重要な現象の一つが市民社会スペースの制約であり，民主化の後退の結果であると同時に原因でもある。

2　市民社会スペースの制約

「市民スペース（civic space）」が多くの国で制約される傾向にある。市民スペースは民主的な社会の土台であり，結社の自由，集会の自由，表現の自由への諸権利が保障されている必要がある（CIVICUS website）。その中でも，市民社会組織が活動できる環境をここでは市民社会スペースとする。

国連を含め多くの国際機構やNGOが，近年の市民社会スペースの制約

を指摘している。国連人権理事会は，2010年9月の決議15/21で平和的な集会と結社の自由の権利に関する特別報告者の任命を決めた。2018年6月の報告書は，平和的な集会と結社の自由の正当な実践を抑圧するための立法の利用，平和的な抗議活動を鎮圧するための「犯罪視」と無差別で過剰な力の行使，社会運動の抑圧，市民社会アクターに汚名を着せ襲撃すること，特定の集団を標的にした規制，選挙期間の権利の制約，高まるポピュリズムと過激主義のネガティヴなインパクト，デジタルな空間で直面する遮断行為の増加傾向を指摘する（United Nations [2018]）。

　市民社会組織の国際的なネットワーク団体であるCIVICUSは，早くより市民スペースの制約に警鐘を鳴らしてきた。2017年度の「市民社会の状態」報告書では，数年来続くグローバルな市民スペースの危機を指摘している。193ヵ国のうち109の国で市民スペースにシステム的な問題が起きているとする（CIVICUS [2018] p.4）。市民スペースの侵害として，最も多く報告されたのは活動家の拘留で，ジャーナリストへの攻撃，検閲，過剰な強制，抗議の妨害，ハラスメントと続く（CIVICUS [2018] p.8）。特に人権にかかわる活動を行っている市民社会組織の活動の制約が，多くの国で強まりつつあるという。

　このような市民（社会）スペースの制約は，2000年代後半より各国で広がる世界的な現象である。ロシア，エジプト，エチオピアなどいくつもの国で，NGOなど市民社会組織に対し，①政治関連の問題に取り組んでいる市民社会組織に対する外国からの資金獲得への嫌がらせ，②官製メディア等を使った「外国の手先」といった公の場での中傷，③公的な登録の要求や恣意的な許認可の取消といった広範囲な法的措置，④政治的活動の有無で扱いを分ける等の懐柔策といった手段が行使されてきた。市民社会組織は，資金不足による活動内容や範囲の縮小，他の資金源の模索，組織のインフォーマル化といった対応に迫られる（Brechenmacher [2017]）。政府側の表向きの理由としては，国家主権の擁護，市民社会組織の透明性とアカウンタビリティの確保，ナショナルなオーナーシップの強化による援

助の実効性と調整の向上，国家の安全保障や対テロが挙げられる（Rutzen [2015] pp.31-33）。

　市民社会組織への嫌がらせや活動の制約は以前よりあったが，ロシアやカンボジアのように一時期は政治の自由化が進んで市民社会スペースが開かれた国家で再び強まった背景には，2000年代以降の国際政治上の変化がある。第一に，西側先進諸国がNGOを通じて人道援助を直接提供するようになり，現地政府は警戒を強めた。第二に，セルビアなどでの市民社会が中心となった民主化運動を目の当たりにして，体制側が市民社会を警戒するようになった。第三に，ロシアや中国が欧米の自由民主主義的な政治的価値に明示的に挑戦し始めた（Carothers and Brechenmacher [2014]）。直接的なきっかけは，たいていは選挙での劣勢や大規模な反政府デモといった国内的な出来事であるが，そこに国際的な支援を受けた市民社会組織の影響があると政権が考えた場合，市民社会スペースを制約しようとするのである。

　たとえばカンボジアでは，2013年7月の総選挙で野党の救国党（CNRP）が躍進したことで市民社会スペースの制約が加速した。結社およびNGOに関する法（LANGO）が2015年に制定され，NGOを恣意的に規制できるようになり，2015年から2016年にかけて人権NGOであるADOHOCの活動家逮捕など締め付けが強化された。さらに2017年6月の地方議会選挙で野党勢力が躍進したことがこの傾向を決定的なものとした（Mooney and Baydas [2018] p.5）。選挙監視に従事するCOMFRELは，他のNGOとともに「シチュエーションルーム」を設けこれまでと同様に選挙監視を行ったが，7月に突然政府の命令で活動を停止させられた。COMFRELを含む，西側諸国から資金援助を受けて活動してきたNGOは，「カラー革命」を起こそうとしているとして政府やそのコントロール下のメディアから批判されるようになり，活動が制約された（VOA Khmer [2018]）。さらに同年末には，裁判所よりCNRPに解散命令が下された。結局，2018年7月の総選挙では，COMFRELをはじめとした主要なNGOが選挙監視を断

念する中で，与党の人民党が全議席を獲得している。

　もちろん，政権の保身だけが市民社会組織の規制の理由ではない。1991年に政権に就いたエチオピアの人民革命民主戦線（EPRDF）がNGOを高い給与を西側からもらうための機会主義者として，その公共的役割を懐疑的にみていたように，NGO自体に公的規制が必要な点がないとは言えない（Brechenmacher［2017］p.73）。それでも，市民社会スペースの制約を含む民主化の後退は，そういう問題に対応してきた民主化支援活動が現在十分な効果を発揮できないことが一因となっている。

2　民主化支援の困難とディレンマ

1　民主化支援を取り巻く国際環境の変化

　冷戦終結以後，1990年代，国際政治における西側先進諸国の優位の中で民主化支援が発達し，民主化の「第三の波」を加速させていった（杉浦［2010］）。同時に，NGOなど市民社会組織が増加して市民社会スペースも拡大し，さらに民主化を促進した。この現象は「政治のグローバル化」ともいわれ，新自由主義的な経済のグローバル化が西側諸国の経済的優位を強める中で，1990年代から今世紀に初めにかけて続いた。

　それが2010年代に入る頃になると，国際情勢の変化の中で，これまで民主化を促進・擁護してきた民主化支援活動は，さまざまな困難やディレンマに直面するようになった。まず，アメリカのブッシュJr.政権によるイラク戦争は，デモクラシー推進を目的の一つに掲げたため，民主化支援全般の正統性を傷つけ，「バックラッシュ（反動）」を生んだ（Carothers［2010］）。たしかに，同政権のデモクラシー推進の外交は，2004年頃のウクライナなどでの「カラー革命」として成果を上げたように思えたが，ロシアや中国などの権威主義国家に民主化支援への警戒を強めさせ，欧米系の国際NGOやその支援を受けた地元市民社会組織の活動を制約する契機となった。カラー革命に言及して，欧米諸国による内政干渉の手段として

NGO を批判する手法は，先述のカンボジアなどで現れるようになった。

さらに2008年のリーマン・ショック以降，パワー・トランジションともいわれる経済的・軍事的側面での欧米の相対的な衰退と「非民主的」な中国の台頭は，アメリカを中心として維持されてきた既存の自由主義的な国際秩序を脅かし，民主化支援に負の効果をもたらした（Mounk and Foa [2018]; 神谷 [2012]; ブレマー [2015]）。

まず，途上国では，西側先進諸国の財政難による援助額の低下傾向と，人権など内政問題に踏み込まない中国との経済関係の強化と援助の増額により，相対的に西側先進諸国との経済的リンケージが弱まり，西側による民主化圧力の影響力の低下が起きた。かつては西側の経済（援助）への依存（＝リンケージ）が西側諸国の影響力（＝レバレッジ）を担保していた（Levitsky and Way [2010]）。それが，2010年代以降中国からの援助と投資が大幅に増加したカンボジアのように，西側先進諸国への財政的依存度が低下したことで，途上国の政府は，西側の圧力を恐れることなく，メディアの統制や野党勢力の抑圧，市民社会スペースの制約を行いやすくなった。加えて，中国やロシアも，1990年代のように受け身で反応するのではなく，「権威主義支援」ともいわれるような，上海協力機構などを通じた国際連携や他の権威主義的国家への支援を行うことで，積極的に西側の民主化圧力に対抗するようになった（Burnell [2011] pp.246-263）。

さらに政治体制のモデルとしての自由民主主義体制の国際的な魅力の低下が，途上国の民主化及び民主化支援に負の影響を与えている。冷戦終結前後に東欧諸国などが相次いで民主化した背景には，「自由で豊か」な西側先進諸国への人々の憧れがあった。しかし，西側先進諸国では，新自由主義的な経済のグローバル化が産業の空洞化を生み，若年層の失業が増え，経済格差が広がって貧困率が高まった。他方，中国は2008年のリーマン・ショックも自力で乗り越え長期の経済発展を維持していく。中国からの経済援助の増加と合わさって，市民スペースの制約を含めた強権的な政治手法を用いつつ，市場重視だが政府主導の経済政策を進める「中国モデル」

あるいは「北京コンセンサス」は，政権担当者にとって，政権維持に都合がよいだけでなく，経済発展をもたらしうる手段として，魅力的なものに映るようになった（ハルパー［2011］）。

実際，発展途上国では，カガメ政権下のルワンダのように，中国モデルあるいはそれに近似した「シンガポール・モデル」を積極的に模倣する動きがある（金丸［2017］）。カンボジアは，今なお表向きは自由民主主義体制を標榜しているが，2018年7月の総選挙で与党が全議席を独占するなど，中国モデルに近似しつつある。

他方，先進民主主義国では，民主主義体制の「脱定着（deconsolidation）」といわれる現象が起きている。近年の世論調査では，若年層を中心に民主的制度への信用が薄れ，権威主義的な指導者への期待が高まっている（Foa and Mounk［2017］p.10）。さらに，中国やロシアは，「権威主義支援」に加えて，民主主義国家に対して，「シャープ・パワー」ともいわれる，デモクラシーの魅力を損なわせるような政策を遂行している。民主主義国家の自由を逆手にとって，ポピュリスト政党や極右・極左運動に資金を提供し，SNSを活用することで，当該国内での自らのイメージの改善を図るとともに，移民問題など民主国家内部の対立をあおって分断や混乱を図っているとされる（NED［2017］）。それらを背景に，欧米諸国で非寛容なポピュリズムや自国の国益を優先するアメリカのトランプ政権のアメリカ・ファーストのような政策が生まれ，欧米流のデモクラシーの魅力をさらに低下させ，民主化支援の効果を損なう結果となっている（Carothers and Brown［2018］）。

2　民主化支援の変容とディレンマ

取り巻く環境が厳しくなる中で，民主化支援は変容を迫られている。まず，国際協力におけるオーナーシップ原則の広がりを背景に，民主化支援の「脱政治化」が加速している（杉浦［2014］）。オーナーシップ原則は，先述のように途上国でのNGO規制の口実になっているが，開発協力戦略

の立案でも，政権が好まない，複数政党制や自由なメディア，人権NGOへの支援といった「政治的」分野におけるプログラムが避けられ，行政機関の強化など非政治的なガバナンス分野に重点が置かれる原因の一つになっている。民主化支援も技術的なガバナンス支援に置き換えられていく。結果，権威主義化を強めるエチオピアに対し，EUが行政的ガバナンスを基準に評価して，むしろ開発援助を増額するといったことすら起きている（European Union［2017］p.23）。

民主化支援に携わる国際NGOも同様に「脱政治化」が見られる。国際NGOによる民主化支援は，組織としての生き残りのために，対象国政府との対決的な活動から「飼いならされた（tame）」ものへ置き換えられつつある（Bush［2015］）。NGO側は，選挙，人権，メディア，政党といった現政権を脅かしかねない分野を避け，技術的な議会支援や（形式的な）女性の政治参加への支援といった「体制順応的な」プログラムを選ぶことで，支援継続に不可欠な対象国政府へのアクセスを確保しようとする。問題は，そのようなプログラムが，実質的な民主化促進につながるわけではなく，むしろ（表面的な）改革をアピールしたい権威主義的な政府に利用されていることである。

世界的な民主化の後退にもかかわらず，民主化支援にかかわってきた西側先進諸国の外交政策での民主化の促進・擁護の優先順位は高くなっていない。経済的利益や安全保障と民主化の促進・擁護のいずれを優先するかというディレンマは，民主化支援活動が形成された1990年代から存在する。パワー・トランジションによる西側先進諸国の相対的な地位の低下によって，そのディレンマはさらに大きくなっている。しかも，民主化支援を行うアクター間の国際協調は，各アクターの他の目的に対する民主化の優先順位が異なることでより難しくなっている。たとえば，2018年7月のカンボジアでの総選挙では，日本政府はカンボジアとの結びつきを強める中国への戦略的考慮から，最大野党CNRPの強制的な解党後，アメリカ政府やEUが援助を停止する中で選挙支援を継続した。

3 市民社会スペースの制約に対する国際的な対応

　OECD/DAC 諸国による市民社会関連の支援は，ODA の金額の推移を見る限り，2010年以降むしろ増加傾向にある。しかし，民主化の後退の現象である人権 NGO などをターゲットにした市民社会スペースの制約への対応は，金額では把握しづらく，前節で見た民主化支援の困難を反映したものとなっている。

　国連は，人権理事会や人権高等弁務官事務所などを通じて市民スペースの制約の問題に取り組んできた。たとえば人権理事会では，先述の平和的な集会と結社の自由の権利に関する特別報告者が，人権高等弁務官事務所や国際 NGO，各国政府とも協力しながら事態を調査し，コミュニケを利用して対象となる加盟国政府に働きかけを行っている。しかし，人権理事会や総会の決議には強制力はなく，アメリカが2018年6月の人権理事会の脱退表明の理由として挙げたように，理事国には市民社会スペースの制約が起きている国が含まれている。

　市民社会自身も，CIVICUS などの NGO が市民社会スペースの状況を調査し，市民社会組織が活動できる政策・制度環境の確保へ向けて，各国政府や国際機構に対しアドボカシー活動を展開してきた（高柳 [2014]）。それでも，対象国への具体的な関与を通じて問題の改善に影響を与えることを期待されるのは，依然としてこれまで民主化支援を熱心に行ってきた EU（諸国）とアメリカ政府である。

　EU は，市民社会スペースの制約という問題をいち早く認識して，複数の政策ツールを用いて対処してきた（European Union [2017] pp.12-21）。まず，対外政策における市民社会への欧州の関与についてのコミュニケ（2012年）や，EU の外交及び安全保障政策のためのグローバル戦略（2016年）をはじめ，主たる政策文書で市民スペースの制約問題の対処へのコミットメントを示してきた。また，EU 加盟国の支援を調整する市民社会ロ

ードマップの作成や人権とデモクラシーについての国別戦略文書（非公開）など，対外援助の戦略に市民スペースの問題への対処を織り込んでいる。さらに，EU は，人権に関する特別代表や加盟国政府関係者が非公式に政府関係者と対話を行うなど，外交的手段を通じて市民社会スペースの問題の改善を働きかけてきた。さらには，コトヌゥ協定など途上国への開発援助の協定に織り込まれた政治的コンディショナリティの利用も可能である。

より直接的な措置として，EU は，危機に直面した人権活動家や市民活動家を，迅速かつピンポイントに，また秘密裏に支援する仕組みも最近構築している。デモクラシーと人権へ向けた欧州インストゥルメント（EIDHR）に，人権擁護活動家のための緊急基金を設けて，抑圧の危機に直面した HRD を即座にかつ秘密裏に資金援助できるようにした。2014年から2020年にかけては13億ユーロが割り当てられている。実際に，2010年から2016年にかけて，45ヵ国の386件に資金が提供されている。ほかにも，各国の人権機関への支援を強化してきた。さらに，EU の資金提供で設立された欧州民主主義基金（EED）は，EU の公式の構造の外にある存在として，より抑圧的な体制下にある人権活動家や団体への援助をより柔軟に支援している（European Union［2017］pp.12-21）。

このような EU による取り組みは，実際の成果として，たとえば対話や圧力，市民社会ロードマップの実施がネパールやメキシコ，ジンバブエにおける制限措置の停止や緩和につながるなど，一定の実績を収めてきたとされる。また，EU における緊急ファンドの強化は，脱出の手助けや保護など緊急事態にある多数の人権活動家を助けてきた。しかし，拡充されている緊急事態への対処は，結局のところ，市民社会スペースの制約の根本的な原因の解消につながるわけではないという意見がある（European Union［2017］pp.22-24）。

しかも，市民社会スペースを守るために対象国の NGO や個人を柔軟に支援しても，かえって，それ自体を根拠に政府により活動が規制されてし

まうというディレンマに直面している。最近，NGO に対する厳しい基準に基づく登録要求に対し，市民活動家が非公式あるいは企業の組織形態をとったり，国外に逃れて活動を継続したりするケースが増えている。そこで EU は，2013年よりトルコで，Sivil Düşün（Think Civil）プログラムを通じて，非公式な団体や個人活動家に対しても少額の資金を迅速に提供できるようにした。しかし，支援された20余りの団体がトルコ政府によって解散させられ，以後応募数が減少する結果となった。また，市民社会組織や人権擁護活動家への秘密裏の支援についても，EU 市民への情報公開の要請との間で葛藤が生じる（European Union［2017］pp.26-27）。

　また，そもそも EU の対外政策において市民社会スペースの問題は，EU の安全保障の問題に比べて優先順位は高いとはいえない。背景には，域内でのテロの脅威の認識の高まりと，その恐怖心を利用するポピュリズムの台頭への対応に各国の民主政治が迫られている状況が挙げられる。実際，エチオピアでは2009年にチャリティと社会に関する布告が採択されるなど，市民社会スペースの制約が強まってきた。対して EU は，コトヌゥ協定の第8条に基づく政治対話などで，市民社会スペースの制約について協議を繰り返してきた。しかし，対テロ戦略上重要であるエチオピアに対して，それ以上の強制的措置は取られないまま開発援助は継続され，EIDHR のプロジェクトも開発志向のもの，すなわち本稿でいう「非政治的な」ものに比重が置かれるようになっている（Brechenmacher［2017］pp.82-89; European Union［2017］p.23）。

　アメリカ政府は，開発援助及び民主化支援において，米国開発庁（USAID）及び国務省による直接的な市民社会支援や，政府が資金を提供する米国民主主義基金（NED）を通じた現地 NGO への援助など，市民社会の分野に重点を置いてきた。市民社会スペースの制約が強まる状況に対しては，公式／非公式の政府による外交対話や圧力を行い，2000年設立の民主主義国家共同体などでの多国間外交を通じて働きかけや支援を実施してきた（Tiersky and Renard［2016］pp.9-17）。加えて，ロシアに対して実

施されているセルゲイ・マグニツキー法や，カンボジア民主主義法（審議中）のように，自由や人権の侵害を理由として議員立法による特定の国家を対象にした制裁が試みられることもある。

　オバマ政権時代の2011年には，国務省が「ライフライン――敵に囲まれた（Embattled）市民社会組織を支援するための基金」を設け，抑圧の危機下にある市民社会組織を直接かつ即座に資金援助できるようにした。2015年までに，98ヵ国の地域で814の市民社会組織が支援を受けた（Tiersky and Renard［2016］pp.9-13）。2013年には「市民社会を支える（the Stand with Civil Society）」イニシアティヴが立ち上げられ，市民社会の代表たちと相談しながら，外交的手段を含めて市民社会への制約に反対する活動が実施された。しかし，トランプ政権になり同イニシアティヴが休眠となるなど，自国の利益優先の外交政策の中で，民主化支援自体が存亡の危機にある（Carothers and Brown［2018］）。

　アメリカの活動への評価はさまざまである。そもそもアメリカ自体への信頼が低下している。現地における信頼を失う懸念から，地元の市民社会組織がむしろアメリカの援助を受けることを嫌がるケースがある。また，市民社会を含む民主化関連の支援が減らされる一方，治安・安全保障関連への支援が増額される傾向から，アメリカの優先順位を疑う声が存在する（Tiersky and Renard［2016］p.18）。

　優先順位の問題は，国際協調の欠如とともに，欧米ともにたびたび批判されてきた。たとえばエジプトは，安全保障という外交目標が，市民社会スペースの制約や広く民主化の後退の問題よりも優先され続けているケースである。2011年2月のアラブの春でムバラク政権が打倒された後，暫定的な軍政，2012年6月の選挙によるイスラム同胞団系のムルシ政権の誕生，そして2013年7月のムルシの追放と軍政，2014年5月の大統領選挙でのシシ大統領の誕生という経過を経た。しかし，いずれの政権も権威主義的な性格を強め，NGOへの規制は進められる一方であった（Brechenmacher［2017］pp.37-48）。2011年12月には，フリーダムハウスやアメリカの民主

化支援を担う共和党国際研究所（IRI）など援助団体関係者が，政府に未登録である NGO に資金を提供したという理由で逮捕された。しかし，アメリカ政府は懸念を示しただけで，影響力を強くは行使しなかった（後に保釈）。2013年7月の政変以降の新たな NGO 法の制定の試みに対しては，欧米諸国は批判して新法制定を数度にわたり遅らせ，拘束された複数の著名な活動家の解放に成功した。しかし，その後もエジプト政府は市民社会スペースの制約を強めている。それでも欧米諸国は，混迷する中東情勢を背景に，エジプトに対し関係の正常化を優先して受け身の反応を続けており，批判する声明は発しても，実際は軍事援助を含めた援助を提供し，対テロ協力を続けている（Brechenmacher［2017］pp.57-64; European Union［2017］p.28）。

おわりに

本稿で見てきたように，欧米の衰退と中国の台頭など民主化に関わる国際的要因の状況から，市民社会スペースの制約を含めた民主化の後退・停滞は続くと予想される。民主化の国際的要因であり，民主化を擁護すべき民主化支援活動も，国際的な権力構造の変化の中で，外交目標としての優先順位の低下や衝突，支援の「非政治化」といった困難やディレンマを抱え，十分な効果を発揮できないでいる。

このような状況の中で，市民社会スペースの確保を含めて民主化を促進・擁護するよう民主化支援を有効に機能させるためには，まず，「ダブル・スタンダード」と受け取られないように民主化という目標は明示的に保持しつつも，画一的ではなく，各国の政治状況に合わせた支援戦略を策定し，同時に支援アクター間での国際協調を強めることが必要であろう。また，西側諸国の外交政策において，安全保障に対して民主化支援の優先順位を高めるには，民主化自体ではなく，民主化と民主化支援の「失敗」が紛争・テロを招いていることを説得的に示すことが今後求められる。

同時に，本稿で述べてきたように，民主国家でデモクラシーの質の低下が民主化支援の正統性を大きく傷つけている状況を考えると，支援側内部でのデモクラシーの回復，あるいは広い意味での「（再）民主化」が必要であろう。アメリカや欧州諸国，そして本稿ではほとんど触れられなかった日本も，その民主政治の「回復」が望まれる（Ichihara [2018]; ブレマー [2015]）。EU であれば，その内部での「デモクラシーの赤字」の克服が必要である。支援側のデモクラシーの再活性化は，対象国でのデモクラシーへの憧れを回復させるとともに，デモクラシーの価値を促進する活動への有権者の支持を回復させ，国際 NGO のような民主化支援に携わる NGO の活性化にもつながる。

　ただし，上で触れたように，民主化を後退させている構造的な要因の一つとして，新自由主義的なグローバル化がある。1990年代には民主化を促し，市民社会スペースの拡大をもたらしたグローバル化は，今では貧富の格差や移民問題などデモクラシーへの負の影響が目立ちつつある。デモクラシーにとって好ましいグローバル化になるように，グローバル・ガバナンスの改革を通じた国際レベルの「民主化」も求められよう（杉浦 [2016]）。国家レベルと国際レベルの「民主化」を並行して行うべきという主張は，故ブトロス＝ガリ国連事務総長によって1996年に『民主化への課題』ですでに主張されていたことである。いま改めて目を向けてみる必要があろう。

　【付記】本研究は JSPS 科研費 JP25870689および JP15H05178の助成を受けたものである。

引用文献

Brechenmacher, Saskia [2017], *Civil Society under Assault: Repression and Responses in Russia, Egypt, and Ethiopia*, Carnegie Endowment for International Peace.

Burnell, Peter [2011], *Promoting Democracy Abroad: Policy and Perform-

ance, Transaction Publishers.

Bush, Sarah Sunn [2015], *The Taming of Democracy Assistance: Why Democracy Promotion Does Not Confront Dictators*, Cambridge University Press.

Carothers, Thomas [2010], "The Continuing Backlash against Democracy Promotion," in Peter Burnell and Richard Youngs (eds.), *New Challenges to Democratization*, Routledge, pp.59-72.

Carothers, Thomas, and Saskia Brechenmacher [2014], *Closing Space: Democracy and Human Rights Support Under Fire*, Carnegie Endowment for International Peace.

Carothers, Thomas, and Frances Z. Brown [2018], "Can U.S. Democracy Policy Survive Trump?" Carnegie Endowment for International Peace, https://carnegieendowment.org/ （2018年10月19日アクセス）.

CIVICUS [2018], *State of Civil Society Report 2018*, CIVICUS.

CIVICUS website "Civic Space," https://monitor.civicus.org/whatiscivicspace/ （2019年5月6日アクセス）.

Diamond, Larry [2015], "Facing up to the Democratic Recession," *Journal of Democracy*, Vol.26, No.1, pp.141-155.

EIU [2018], *Democracy Index 2017: Free Speech under Attack*, The Economist Intelligence Unit （EIU）.

EIU [2019], *Democracy Index 2018: Me too? Political Participation, Protest and Democracy*, The Economist Intelligence Unit （EIU）.

European Union [2017], *Shrinking Space for Civil Society: the EU Response*, written by Policy Department, Directorate-General for External Policies.

Foa, Roberto Stefan, and Yascha Mounk [2017], "The Sings of Deconsolidation," *Journal of Democracy*, Vol.28, No.1, pp.5-15.

Freedom House [2019], *Freedom in the World 2019: Democracy in Retreat*, Freedom House.

Ichihara, Maiko [2018], *Japan's International Democracy Assistance as Soft Power*, Routledge.

Levitsky, Steven, and Lucan A. Way [2010], *Competitive Authoritarianism: Hybrid Regimes after the Cold War*, Cambridge University Press.

Mooney, Lauren, and Lana Baydas [2018], *Cambodian Civil Society at a Critical Juncture*, a Report of CSIS Human Rights Initiative, June 2018, CSIS.

Mounk, Yascha, and Roberto Stefan Foa［2018］, "The End of the Democratic Century: Autocracy's Global Ascendance," *Foreign Affairs*, May/June 2018, pp.29-36.
NED［2017］, *Sharp Power: Rising Authoritarian Influence*, National Endowment for Democracy（NED）.
Rutzen, Douglas［2015］, "Civil Society under Assault," *Journal of Democracy*, Vol. 26, No. 4, October 2015, pp. 28-39.
Tiersky, Alex and Emily Renard［2016］, *Closing Space: Restrictions on Civil Society around the World and U.S. Responses*, CSR Report, April 8, 2016, Congressional Research Service.
United Nations［2018］, *Report of the Special Rapporteur on the Rights to Freedom of Peaceful Assembly and of Association*, UN. Doc. A/HRC/38/34.
V-Dem Institute［2019］, *Democracy Facing Global Challenges*, V-Dem Annual Democracy Report 2019, V-Dem Institute.
金丸裕志［2017］,「多民族国家における権威主義体制と開発――政治的側面におけるルワンダの『シンガポール・モデル』」『和洋女子大学紀要』第57集, 27-38頁.
神谷万丈［2012］,「国際政治理論の中のパワー・トランジッション――日米中関係へのインプリケーション」日本国際問題研究所編『日米中関係の中長期的展望』日本国際問題研究所.
川中豪［2018］,「『民主主義の後退』をめぐる理論」川中豪編著『後退する民主主義, 強化される権威主義――最良の政治制度とは何か』ミネルヴァ書房, 15-44頁.
杉浦功一［2010］,『民主化支援――21世紀の国際関係とデモクラシーの交差』法律文化社.
杉浦功一［2014］,「民主化――デモクラシーの実現不可能性」高橋良輔・大庭弘継編『国際政治のモラル・アポリア――戦争／平和と揺らぐ倫理』ナカニシヤ出版, 206-246頁.
杉浦功一［2016］,「グローバル・ガバナンスの『民主化』は可能か？」『グローバル・ガバナンス』（グローバル・ガバナンス学会）第3号, 2016年12月, 18-33頁.
高柳彰夫［2014］,『グローバル市民社会と援助効果――CSO/NGOのアドボカシーと規範づくり』法律文化社.
ハルパー, ステファン, 園田茂人・加茂具樹訳［2011］,『北京コンセンサ

ス──中国流が世界を動かす？』岩波書店。
ブレマー，イアン，奥村準訳［2015］，『スーパーパワー──Gゼロ時代のアメリカの選択』日本経済新聞出版社。

[和洋女子大学＝国際関係論，政治学]

6 セミパラチンスク地区に居住する子どもとその保護者の核実験に対する認識について

平林 今日子

はじめに

　旧ソ連最大の核実験場であるセミパラチンスク核実験場は，中央アジアの大国，カザフスタン共和国の北東に位置する（図1）。冷戦時代，ソ連がこの地で初めての核実験を成功させたのは1949年8月29日であった。この日より最後の実験が実施された1989年に至るまでの40年間で，地上25回，空中86回，地下345回，計456回の核実験が行われ（Mikhailov [1996]），被災者の数は数十万人と推定されている。

　旧ソ連崩壊後，カザフスタンが独立し核保有を放棄したことで，セミパラチンスク核実験場は他国の研究者が核被害の影響を現地において検証できる唯一の場となった。様々な分野の研究が実施されたが，そのうち我々の研究グループでは2002年より，社会（医）学の領域から質問紙調査及び聞き取り調査を実施し，核実験被災者の身体的・社会的・精神的側面全般にわたる被害を明らかにしようと試みている。さらに2009年からは障がい・疾患を持った子どもとその保護者を対象とするインタビュー調査を開始した。本稿ではこのインタビュー調査を基に分析・考察を行う。

図1 カザフスタン共和国とセミパラチンスク（セメイ）市ほか

出典：カザフスタン共和国大使館ホームページより引用の地図に筆者加筆。

1 目的

1 本稿の目的

　本稿では，現代に生きるセミパラチンスク核実験被災者，とりわけ社会的弱者である子どもたちが，過去に実施された核実験によりどのような影響を受けているのか，その一端を明らかにすることを目的とする。

　1989年の核実験場閉鎖より20年以上，地上核実験の停止（1963年）からおよそ半世紀が経過した現在において，実験場閉鎖後に生まれた子どもたちが受ける「被害」とはどのようなものか。核兵器による「被害」の問題を考えるとき，はじめに焦点となるのは「いのち（身体的な被害）」の部分である。しかしながら，核兵器が人々に与える影響はそれだけではない。広島・長崎の原爆被害に関する研究によって，被害の全体像を明らかにするためには「いのち」に加え「こころ（精神的な被害）」，「くらし（社会的な被害）」全般にわたる被害を捉える必要のあることがすでに指摘されている（日本準備委員会編［1978］）。よってセミパラチンスクの核実験被害の

全体像を明らかにするためには，医学的に証明可能な身体的被害のみならず，被災者自身が何を思い，何を感じ，どのように生きてきたかという被災者自身の「認識」を明らかにすることが重要である。本稿では障がい・疾患を持つ子どもとその保護者が語る言葉を手掛かりに，彼らが核実験をどのように認識しているかを検討することにより，核実験の後世にわたる「被害」を明らかにしたい。

2　障がい・疾患を持つ子どもを対象とした理由

2002年より実施してきた質問紙調査・聞き取り調査では，被害がより大きいと想定される1963年以前の地上核実験を経験した被災者を対象としてきたため，回答者の年齢は50代以上が中心であった。しかし，調査における証言ではしばしば地上核実験の経験のない子や孫の体調不良や将来の不安が語られる。聞き取り調査で収集した証言の一部を以下に示す。

・子どもが10人いますが，多くの子が病気をしています。2人は心臓を患っています。これはポリゴン[2]の影響だと思っています。[2007年調査　マライサリ村　女性　1937年生まれ]

・ポリゴンは私たちに非常に強い影響を与えました。孫たちは皆病気にかかっています。私が病気になったほうがましです。（中略）ポリゴンがなければよかったのに。私の子どもたちはこんなに病弱なのだから。戦争自体がなければよかったのに。[2005年調査　バラドリハ村　女性　1935年生まれ]

・村ではたくさんの人々が病気にかかり，亡くなっています。特にガンが多いのです。放射線の影響だとみんな言っています。子どもたちも病気がちです。[2005年調査　ゼンコフカ村　女性　1942年生まれ]

被爆二世健康影響調査（放射線影響研究所［2007］）や被爆二世における死亡リスクの調査（Grant *et al.*［2015］）等によれば，広島・長崎の被爆二世への遺伝的な影響については，現在までのところ，統計的に有意な所見は観察されていないとされている。しかしながら，マウスによる実験では

放射線の継世代(遺伝的)影響が証明されており(Nomura [1982] [1983])，人を対象とした研究においても，広島原爆の際の父親の被爆によって子の白血病の発症リスクが高まる可能性を示唆した報告(鎌田ら [2012] [2014])等が出てきており，現時点で「影響がない」と結論付けることはできない。また，セミパラチンスク核実験場の周辺住民が受けた被害は低線量率被ばくであり，広島・長崎の高線量被ばくとはその人体への影響も異なる可能性がある。核実験による放射線被害と，疾患や障がいとの因果関係の全容を解明するにはなお時間を要すると思われる。

しかしながら，上記のような証言が一定数見受けられる以上，その意味するところを解明することは，核実験，ひいては原発事故等による低線量率被ばくの被害の全体像を描く上で必要不可欠である。

これらの証言が示すとおり，核実験は直接体験した世代だけでなく，後世にまで何らかの影響を与えているのだろうか。その影響とは具体的にどのようなもので，核実験場閉鎖から20年以上が経過した現在，子どもたちはどのような不安や苦しみを抱えながら生きているのか。それらを明らかにするために，我々は2009年より，核実験場周辺在住の子ども(18歳以下)とその保護者へのインタビューを開始した。疾患・障がいを持つ子どもを対象としたのは，核実験による影響を自らのこととして捉え，苦しんでいる人が多いのではないかと想定したためである。

子どもへの影響を明らかにするため，子ども本人へのインタビューも試みているが，実際には年齢や障がい・疾患のために回答が困難な場合も多く，主として保護者の回答を分析の対象としている。

2　対象と方法

1　対象者の条件と属性

本稿では，2009〜2017年にセミパラチンスク核実験場近郊において実施したインタビューをもとに分析及び検討を行っている。

対象者の条件は以下の通りである。
Ⅰ．何らかの疾患や障がいを持つ子どもと，その保護者。
Ⅱ．子どもの両親のどちらかが，核実験場周辺の村で1989年の核実験場廃止より以前に居住していた経験を持つこと。

対象者の属性を表1に示す。

対象者が居住した経験を持つ村を図2に示す。カラガンダ市及びアヤグズ市，マカンチ村は遠方のため図1に加筆した。

2 調査の手法

本調査は，カザフスタン・セミパラチンスク近郊に住む子ども及びその保護者への「生活史調査」をベースに，対象者の核実験に対する認識について検討するものである。生活史調査の質問項目は，石田忠が実施した原爆被爆者の生活史調査に関する質問項目を基に作成した（日本準備委員会編［1978］；石田［1986］）。

条件に見合う対象者を，共同研究者であるカザフ放射線医学環境研究所の医師・研究者が無作為に抽出し，調査協力の依頼を行った。依頼に応じた計12組の家族に対し，対象者の自宅あるいはカザフ放射線医学環境研究所において，通訳を介しインタビューを実施した。インタビューはボイスレコーダーにて録音し，帰国後テープ起こしを行った。それらのインタビュー原稿及びインタビュー時のメモを基に，回答内容について比較検討を行った。

多岐にわたる質問項目のうち，本稿で分析の対象としたのは以下の項目である。

〈子ども本人への質問〉
・自分の障がい（または病気）の原因は核実験であると思いますか。その理由は何ですか。
・核実験や核兵器について，どのように思いますか。

〈保護者への質問〉

表1 対象者の属性

Case No.	インタビュー実施日	診断名		年齢*	性別	宗教	人種	居住歴
01	2009年8月4日	骨形成不全症，甲状腺機能障害	子	8	男	イスラム教	カザフ人	誕生時よりセメイ在住
			母	43	女	イスラム教	カザフ人	シャール村→20歳でテリスタンバウイ村→32歳でセメイ
			父	46	男	イスラム教	カザフ人	ショブティガク村**→3歳でテリスタンバウイ村→35歳でセメイ
02	2009年8月4日	心臓肥大	子	2	女	イスラム教	カザフ人	誕生時よりセメイ在住
			母	42	女	イスラム教	カザフ人	アヤグズ市→22歳でセメイ
			(父)***	38	男	イスラム教	カザフ人	サルジャル村→20歳でセメイ
03	2012年8月19日	ウェルドニッヒ・ホフマン病（乳児性脊髄筋萎縮症）	子	5	女	ロシア正教	ロシア人	誕生時よりセメイ
			母	30	女	ロシア正教	ロシア人	誕生時よりセメイ
			(父)	33	男	ロシア正教	ロシア人	バラドリハ村→20歳でセメイ
04	2012年8月19日	小頭症	子	11・5	女・女	イスラム教	カザフ人	シャール村→9歳と3歳の時にセメイ
			母	40	女	イスラム教	カザフ人	セメイ→結婚してシャール村→38歳でセメイ
			(父)	45	男	イスラム教	カザフ人	アバイ地区****で誕生，幼少期にシャール村→43歳でセメイ
05	2013年3月11日	白血病	子	4	女	イスラム教	カザフ人	誕生時よりセメイ
			母	29	女	イスラム教	カザフ人	カラガンダ市→2歳でセメイ
			父	29	男	イスラム教	カザフ人	誕生時よりセメイ
06	2013年3月11日	小頭症	子	13・1	男・男	イスラム教	カザフ人	誕生時よりセメイ
			母	38	女	イスラム教	カザフ人	セミョーノフカ村→26歳でセメイ
			父	49	男	イスラム教	カザフ人	バジェノバ村*****→35歳でセミョーノフカ村→37歳でセメイ
07	2013年3月11日	大頭症，四肢短縮症	子	15	男	イスラム教	カザフ人	誕生時よりセメイ
			母	47	女	イスラム教	カザフ人	ゲオルギエフカ村→22歳でセメイ
			(父)	46	男	イスラム教	カザフ人	サルジャル村→31歳でセメイ
08	2013年8月24日	染色体異常	子	9	男	イスラム教	カザフ人	ブルコトワ村→6歳でセメイ
			母	32	女	イスラム教	カザフ人	アヤグズ市→6歳でブルコトワ村→29歳でセメイ
			(父)******	不明	男	イスラム教	カザフ人	オスケメン市出身
09	2013年8月24日	腸閉塞と術後の後遺症，虫垂炎	子	13	男	イスラム教	カザフ人	誕生時よりセメイ在住
			母	41	女	イスラム教	カザフ人	セミヤルカ村→18歳でセメイ
			父	39	男	イスラム教	カザフ人	アルハット村→20歳でセメイ
10	2017年8月23日	脳腫瘍（退形成性髄芽腫）	子	11	男	イスラム教	カザフ人	誕生時よりセメイ
			母	30	女	イスラム教	カザフ人	誕生時よりセメイ
			父	37	男	イスラム教	カザフ人	誕生時よりセメイ
11	2017年8月23日	知的障がい（若年性関節炎）	子	8	男	イスラム教	カザフ人	カラウル村→4歳でセメイ
			子	3	女	イスラム教	カザフ人	誕生時よりセメイ
			母	34	女	イスラム教	カザフ人	カラウル村→30歳でセメイ
			(父)	37	男	イスラム教	カザフ人	カラウル村→33歳でセメイ
12	2017年8月24日	急性リンパ性白血病	子	5	女	イスラム教	カザフ人	誕生時よりセメイ
			母	37	女	イスラム教	カザフ人	アヤグズ市→24歳でセメイ
			(父)	33	男	イスラム教	カザフ人	マカンチ村→20歳頃セメイ

* インタビュー当時の年齢を示す。
** 核実験場近くに存在した村だが，現在は存在しない可能性があると本人が証言している。
*** インタビューに同席していない場合，（　）で示している。
**** 核実験場の南東に位置する地区。サルジャル村を含む。
***** 核実験の東側に位置するジャナセメイスキー地区内の村。セメイから60kmの距離に位置すると本人が証言しているが，正確な位置は不明。
****** 08の母は未婚のため，子どもの父親について可能な範囲で回答を得ている。

図2　セミパラチンスク核実験場と周辺の村

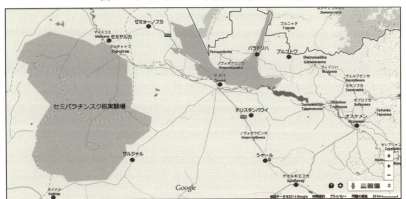

注：「●」は対象者が居住した経験を持つ村を示す。

・お子さんの障がい（または病気）は，核実験が原因であるとお考えですか。それはなぜですか。

3　核実験に対する認識

1　障がい・疾患と核実験との関連：公的な証明

(1)証明の有無

　前述のように，日本は被爆二世に対する健康影響を現時点では認めていない[3]。一方カザフスタンでは，「セミパラチンスク核実験場における核実験による被害者たる市民の社会的保護に関するカザフスタン共和国の法律」において，条件付きながら二世を核実験による「被害者」と法で定めている（竹峰ら［2015］）。

　12家族中，「障がい・疾患が核実験由来のものであるとの指摘を受けた」と回答した家族は，ケースナンバー01（診断名：骨形成不全症，甲状腺機能障害），04（診断名：小頭症），05（診断名：白血病），07（診断名：大頭症，四肢短縮症），10（脳腫瘍），11（知的障がい），12（急性リンパ性白血病）の7家族であった。08は数ヵ月前に新たな診断名（染色体異常）の可能性を

指摘され，核実験由来である可能性を示唆されているが，確定的な診断は下されていなかった。残り4家族は子どもの疾患または障がいと，核実験との関連を（少なくともインタビュー時点では）指摘されていない。

04と06は同じ診断名（小頭症）であるにもかかわらず，04のみが核実験由来であるとの指摘を受けている。カザフスタン政府が定めている「核実験と因果関係を有する可能性のある疾病の一覧」には小頭症が明記されている（竹峰ら［2015］）。よって06のきょうだいの診断名が小頭症で間違いないとすれば，核実験由来であるとの指摘を受けてしかるべきだが，インタビュー回答中では06の母は「医師に正式に言われたことはない」「核実験の被害者としての証明はしていない」と回答している。

このようなことはなぜ起こるのだろうか。01の父が以下のような証言をしている。

・（子どもの父親の心臓病について，核実験が原因であるかどうかまだわからないとの話の中で）核実験の影響であることがわかるように，たくさんの書類を集めなければならないでしょう。それはまだそろっていないんです。

核実験の影響であることを証明するためには，医師の診断のみではなく，何らかの手続きが必要との指摘である。前述の「セミパラチンスク核実験場における核実験による被害者たる市民の社会的保護に関するカザフスタン共和国の法律」第11条には，「核実験による被害者たる市民の登録および証明書の交付は，カザフスタン共和国内閣の定める方法によって行われる」とある。そこで，この手続きの内容を調査したところ，12種の書類を揃えて審査を受けなければならないということがわかった[4]。06の保護者は何らかの理由でこの手続きに至っていないか，審査を受けたうえで核実験由来ではないと判断されたことになる。現時点ではどのような経緯なのか詳細は不明であるが，調査を継続し解明していきたい。

(2) 証明されることの意味

子どもの障がいや疾患が「核実験が原因である」と認定されることは，

被災者にとってどのような意味を持つのか。まずはカザフスタンの補償制度について検討する。

竹峰らによれば、カザフスタンにおける医療面での核実験被災者援護は前述の「セミパラチンスク核実験場における核実験による被害者たる市民の社会的保護に関するカザフスタン共和国の法律」第17条及び第18条に定められているが、具体的な規定はない（竹峰［2015］）。診療費は核実験被災者であるか否かにかかわらず、カザフスタンでは旧ソ連時代の政策を受け継ぎ、原則として無料である。その他の補償内容については、地上核実験を経験した被災者に対する質問紙調査・聞き取り調査においていくつかの証言が得られている。たとえば薬代は無料ではなく、一部の高額医療に関しても有料の場合があるとの証言がある。[5]

今回のインタビューにおいては、疾患や障がいが核実験由来であると証明されることによって手当が受けられるとの回答が複数得られた。下記にその抜粋を示す。

- 核実験由来であることに対する手当は2人合わせてひと月に1万2,900テンゲ[6]。（04）
- ポリゴンのせいとなったら、（中略）1万テンゲか1万5,000テンゲぐらい増えます。（08）

今回のインタビューで得られた回答から、20歳の女性が店員として働いた場合の一か月の給与が1万5,000～2万テンゲ程度、46歳の男性が工場で勤務した場合の1ヵ月の給与が6万テンゲ程度との証言（01）がある。また、毎月5万テンゲ程度あれば、女性が1人で一生暮らしていくことは可能との証言（08）もあった。これらの証言から鑑みて、1万～1万5,000テンゲの補償額は決して少なくはないとの印象を受ける。

では、補償を受けられるという点以外に、核実験由来であると証明されることは被災者にとって何らかの意味があるのだろうか。

08の母は、核実験が原因であると医師から指摘されたときの心情について、「私のせいで病気になったから、私が色々な薬を探して、色々な外国

に電話して，外国に行って治療を受けさせなければならないといつも心配していたんです。私は自分の子どもを助けることができない。お金があったら，外国に一緒に行って入院して，治る可能性があるのではないかと今までは思っていたのですが，ポリゴンのせいかもしれないので，外国に行っても治る可能性は高くないという話を聞いて，少し安心したんです。ポリゴンのせいという話を聞いて胸が痛かったけど，それより，今まで私は子どもに何もできない，助けてあげることができないという気持ちでしたので，少し楽になりました」と回答している。自分のせいではなく，核実験が原因であるということが明らかになり，気持ちが楽になったとの証言である。

障がいや疾患を持つ子どもの親になったとき，自分を責める感情は誰もが抱くものかもしれない。実際に今回のインタビューでも，自分やパートナーに原因があるのではないかと考えた経験をもつ回答が多くみられた。

・いつも主人と，私のせいか，あなたのせいかという話までいきますが，(03 母)
・(自分や夫が何か悪かったのかもしれない等と責めてしまったことはあるか，との質問に対し) 今でも泣いたりすることはたくさんあって，時々はそのことも，主人のことも考えます。(なぜ自分だけがこんな思いをしなければならないのかと思ったことはあるか，との質問に対し) そんなことを考えたこともあります。時々，結婚しないほうが良かったのではないかという気持ちになることもあります。(04 母)
・すごく悩んだときに，私のせいじゃないかと考えたことがあって，(06 母)
・この子を妊娠しているときに，出身地のサルジャル村 (筆者注：図2参照) に行ったことがあって，たぶんそのせいだと思っています。(07 母)

核実験が原因であると証明されることで，保護者は「自分またはパートナーを責める気持ち」から解放されるのだろうか。04の母は核実験との因

果関係が指摘されているが、それでもやはり、自分や夫が原因なのではないかと考えている。07の母は核実験との関連を指摘されたがゆえに、妊娠中の行動（核実験場に近い出身地を訪れたこと）を後悔し、自分を責めている。核実験との因果関係が証明され、「気が楽になった」と証言した08の母も、原因が核実験であることがわかったから、というよりは、「治る可能性が高くない」と聞いたことによって何もしてやれない自分を責めることから解放された、という意味で「気が楽になった」のではないか。

　障がい・疾患の原因が核実験であると認められることで、核実験に責任転嫁することができ、気持ちが軽くなる、という効果があることを完全に否定することはできない。しかしながら、12家族のインタビュー回答を詳細に検討すると、結局は、何らかの形で核実験の影響を受けてしまった自分またはパートナーの責任であると考える保護者の存在が浮かび上がってくる。つまり、セミパラチンスク核実験場周辺に生き、障がい・疾患を抱える子どもをもつ保護者は、子どもの障がいや疾患によって「自分を責める」だけでなく、「核実験さえなければ」との思いをも抱えて生きている、と言えるのではないか。12家族の回答を得た現時点での結論としては、「気持ちが軽くなる」という効果よりもむしろ、「核実験さえなければ」との重荷を背負う効果のほうが高いのではないかと思われるが、今後もインタビューを継続し、この点についてさらに検討していきたいと考える。また、この「重荷」とどのように向き合ってきたのかについても、今後の調査で丁寧な聞き取りを行っていきたい。

2　障がい・疾患と核実験との関連：本人（または保護者）の認識
(1)公的な証明との関連性

　本節第1項では、障がいや疾患と核実験との関連について、公的な証明があるかどうかと、証明を受けた場合の保護者にとっての意味について検討した。本項では公的な証明と本人または保護者の認識との関係性について考える。

インタビューでは，子どもの疾患や障がいを「核実験によるものである」と考えるかどうかについて尋ねている。その回答内容を表2に示す。

　本節第1項で示したとおり，公的な証明を受けたと回答した対象者はケースナンバー01，04，05，07，10，11，12の7家族である。08も可能性を指摘されている。

　表2のとおり，ほとんどの対象者が障がい・疾患と核実験との関連を肯定しているが，例外もある。03の母は「今回のインタビューがなかったら，たぶんポリゴンのことは全然気にしなかった」と回答しており，08の母も医師に最近指摘されて初めて核実験との関係を認識したと言っている。02の母も間接的な関連は認めつつも，「わからない」と回答している。

　02，03はともに公的な証明を得ていない。それゆえに核実験が原因であるかどうかについて「わからない」「気にしなかった」と回答している可能性もある。しかし一方で，02や03と同様に証明をされていないにもかかわらず，06，09は「たぶんポリゴンのせいなのではないか」と認識している。こうした認識の違いはどこから来るのか。この点について次項で検討する。

　(2)「核実験由来である」との認識はどこからくるのか

　まず，「核実験由来である」と対象者が捉える意味について整理したい。広島・長崎のような一度きりの高線量かつ直接的な被ばくとは異なり，セミパラチンスク核実験場周辺住民の被害は長期にわたる低線量率被ばくであることから，「核実験由来」との捉え方も一様ではない。実験当時放射線を浴びたという認識はほとんどなく，当然ながら被ばく線量がどの程度であったかを知るすべもなかったため，自分がどの程度の被害を受けたのかについての客観的な指標も皆無に等しかった。現在では被害の概要を知ることが可能だが，長年何も知らされてこなかったセミパラチンスクの被災者にとっては，主観的な核実験に対する認識が現在もなお重要な意味をもっている。12組のインタビュー回答から得られた「核実験由来である」との捉え方には，大別して以下3点の意味があると考えられる。

表2 「子どもの疾患や障がいは核実験が原因だと思うか」との質問に対する回答内容

障がいや疾患と核実験との関連	Case No.	回答内容
公的な証明有り	01	父：自分の家族でも上の娘たちは元気で、私たち夫婦の両親や親戚にも同じ病気はないから、（子どもの疾患は）核実験の影響で現れたと確信しています。
	04	母：妹の子どもは大丈夫ですが、私のおばあさんとおじいさんはアバイに住んでいたから、その可能性が高いと思います。影響があると思っています。
	05	父：（お子さんの病気は核実験が原因だと思うか、との質問に対し）そう思います。 母：同じ意見です。
	07	母：この子を妊娠しているときに、出身地のサルジャル村に行ったことがあって、たぶんそのせいだと思っています。
	10	父：いろいろ検査をしていたときに、病院からそういう話がありました。（中略）それで少しでも核実験の影響があるかもと考えています。 母：（病院で指摘される前にも核実験の影響を考えたか、との質問に対し）そのときはそのことは考えませんでした。核実験のことが影響あるということは考えませんでした。
	11	母：そういう考えも少しありました。生まれたところもポリゴン、核実験に関係のあるところだし。
	12	母：ポリゴンの影響じゃないかも、主人と染色体の相性が合わないかもと考えていましたが、もう一度確認してみたら、ポリゴンの影響があるという病名でした。
検査待ち	08	母：（もうすぐ核実験との関連が証明されるようだが、核実験が原因だと前から思っていたか、との質問に対し）ポリゴンと関係あるということは全然考えませんでした。
公的な証明無し	02	母：ポリゴンのせいではないかもしれないけど、私にはわからない。今は一番大事な子どもが早く治るように、ということだけ思っています。（略）主人にもこのような病気があったので、父親からの遺伝かもしれません。（略）でも、主人の病気はポリゴンのせいかもしれないですね。
	03	母：今回のインタビューがなかったら、たぶんポリゴンのことは全然気にしなかった。今は、ポリゴンが原因ではないかと考え始めています。（略）病院に行ったときには「ポリゴンのせいではないですよ」と何回も言われたので、ポリゴンのことは全然気にしていませんでした。（略）ポリゴンのせいと考えたことはなかったです。でもおばあさんとかおじいさんからは、そう言われています。「これは全部ポリゴンのせいでしょう」と。（略）主人も元気ですし、私も元気ですから、病気はどこから来たのかという疑問がありますから。ポリゴンのせいかもしれないと思います。
	06	母：（疾患について分かったとき、核実験の影響だと思ったか、との質問に対し）私はそんな風に思っているのですが、医師に正式に言われたことはないです。（略）でも両親が（核実験場の）近くに住んでいたこととか、私も子どもの頃からずっと核実験が行われているところに住んでいたとか、そういうことがあるので、今の子どもたちの病気も、遺伝的な理由に関係なく、やはり核実験が原因なのではないかなと思っています。
	09	父：昔はこんな病気はありませんでしたから、たぶんポリゴンのせいだと思います。核実験の後で、いろんな新しい病気が出たと思います。 母：私が住んでいたところは、ポリゴン、クルチャトフ*にとても近いから、核実験のときに住人を避難させなかったし、そのまま何もしなかったので、たぶんそのせいではないかと思います。

*旧ソ連が核兵器を開発し、核実験を実施するために建設した人工都市。核実験場の北に隣接する（図2に記載あり）。

表1に保護者の年齢が示されているが，全員が1963年以降に誕生しており，地上核実験の経験者は存在しない。ゆえに自分自身が実験による放射性降下物，いわゆるフォールアウトを直接浴びたと認識する明確な体験は持っていないはずである。一方で，保護者の親世代は，居住していた地域によって認識も影響も異なるが，ほとんどが何らかの形で地上核実験を体験している。これら保護者の親世代からの遺伝的な影響から，わが子の疾患や障がいを「核実験由来である」と認識している可能性が1点目として挙げられる（図3①）。

　次に「核実験由来である」意味として考えられるのは，実験によって汚染された地域に住んでいたために，自分自身が子どもの頃に被ばくしたと捉える考えである。自分自身の被ばくの影響が，わが子に遺伝したという考えである。この場合，現在住んでいる地域が汚染されているとは捉えておらず，自分では居住地の選択ができない幼い頃の被ばくが原因との考え方である（図3②）。

　そして3点目に挙げられるのは，現在のセミパラチンスク地区そのものが汚染されているために，子どもに直接影響を及ぼしたとする考えである。汚染の範囲に関しても認識は様々であり，現在居住する地域自体が汚染されていると考える対象者もいれば，実験場にほど近い（サルジャルなどの）村のみが汚染地域であると捉え，妊娠中にその地域に滞在したことによって胎児が影響を受けたとする考え方もある（図3③）。

　それぞれの対象者が上述の3点のうち，どの意味で「核実験由来である」と捉えているかによって，その要因は異なってくる。中には3点のうちどれか一つではなく，複数の意味で捉えている者もある。たとえば01の父は「自分の家族でも上の娘たちは元気で，私たち夫婦の両親や親戚にも同じ病気はない」ことを核実験由来である理由として述べている。つまり子どもの疾患・障がいは遺伝的な影響ではないと述べているのである。この父親は3点目に挙げた「現在の汚染が子どもに直接影響した」との意味で「核実験由来である」と認識している。一方，06の母は「両親が（核実

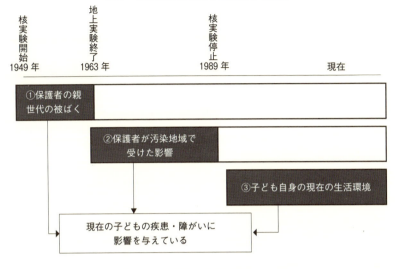

図3 核実験由来であると認識する背景

験場の）近くに住んでいたこととか，私も子どもの頃からずっと核実験が行われているところに住んでいた」ことを理由として挙げている。ここでは子どもの保護者世代及びその親世代の被ばくを「核実験由来である」理由として捉えており，1点目と2点目の両者の意味で捉えていると言える（なお，この母はこの後「遺伝的な理由に関係なく」と言及しているが，ここでの「遺伝的な理由」とは，核実験等の環境の影響を受ける以前の，自分や両親が元来持っている遺伝情報という意味で用いているものと思われる）。

以上のように，「核実験由来である」と一言に言っても，その意味するところは実に様々であるということが分かる。

それでは，セミパラチンスク地区に生きながら，02や03のように「核実験由来である」との認識が薄い（薄かった）理由は何なのか。02の母はアヤグズ市出身であり，1988年（核実験場閉鎖の前年）に専門学校への進学のためセミパラチンスクに移り住んだと証言している。図3に示したとおり，アヤグズ市は核実験場から離れた位置にある。このことが被ばくの影響との認識が薄い要因になっている可能性がある。また，子どもの父親が

幼い頃，子どもと同じ心臓に病を抱えていたことから，核実験の影響よりも，父親からの遺伝的影響を重視している可能性もある。12家族の中で，保護者が子どもと同様の病を患っていたのは02の対象者のみであり，母親にとっては核実験よりも父親の病の事実のほうがよりインパクトが強かったと言えるのではないか。

03の母は「おばあさんとかおじいさんからは，そう言われています。『これは全部ポリゴンのせいでしょう』と。」と証言しているように，祖父母から指摘されていたにもかかわらず，医師から「『ポリゴンのせいではないですよ』と何回も言われた」ことを理由に「ポリゴンのことは全然気にして」いなかったと証言している。医師の指摘を重視したとの回答である。

医師の指摘がなくとも「核実験由来である」と考える保護者もいれば，医師の言うとおり認識する保護者もいる。その差はどこにあるのか。03は12家族のうちで唯一ロシア系の家族であるため，それが認識に影響しているのではないかとも考えたが，祖父母が「ポリゴンのせい」と言っていることから考えて民族の違いが原因ではないようである。この点については今回の調査で明らかにすることはできなかった。今後の課題とし，更なる証言の収集に努めたい。

4　暫定的な結論：障がい・疾患を持つ子どもとその保護者にとって「核実験」とはいかなるものか

障がいまたは疾患を持つ子どもとその保護者，計12家族にインタビューを行った結果，多くの保護者が子どもの疾患・障がいについて「核実験によるものである」との認識であることがわかった。医師が核実験由来の疾患・障がいであると指摘している場合はすべての保護者が同様の認識をもっていたが，医師による指摘がない場合でも，「核実験によるものである」と認識する保護者もあった。

「核実験由来である」と認識する背景は様々であり，大別すると，保護者の親世代の被ばくを原因であるととらえるもの，保護者自身が汚染地域で育ったことを原因とするもの，現在の生活環境そのものが核実験の影響を受けており，子どもに直接影響したと考えるものの3点に分けられる。

子どもの疾患・障がいの原因が核実験である，との証明を得るためには，単に疾患名が法に明記されているのみでなく，何らかの手続きが必要である。証明を受けることができた場合は，補償金を受け取ることができるとの証言が複数見受けられた。

また，疾患や障がいが「核実験由来である」と認められることによって，保護者が自分を責める気持ちから解放されるのではないかとの仮説をたて検討を行った。インタビュー回答を詳細に検討した結果，結局は「何らかの形で核実験の影響を受けてしまった自分またはパートナーを責める」あるいは「子ども自身が実験の影響を受ける原因を作ってしまった自分を責める」ことにより，「核実験さえなければ」との思いを背負うことになるのではないかとの結論を導いた。

以上から，障がいまたは疾患を持つ子どもとその保護者の多くは，疾患や障がいの原因を自分やパートナーの責任と感じ，すでに精神的な負荷を負っているにもかかわらず，さらに自分やパートナー，子ども本人が核実験の影響を受けてしまったことで「核実験さえなければ」との思いを持ち続けているということができる。「核実験さえなければ」との思いの内側にあるものは千差万別であり，一人ひとりの声を詳細に聞き取ることによって，核実験が現在のセミパラチンスク地区に住む子どもとその保護者に与えている影響を知ることができ，ひいては核実験被害の一端を明らかにすることができると考える。

今後もさらに調査を継続し，現在も続く被害について，解明を試みたい。

おわりに

　セミパラチンスク核実験場の閉鎖が宣言された日から四半世紀が経過した2016年8月29日、カザフスタンの首都アスタナ[7]にて「セミパラチンスク核実験場閉鎖後25周年国際会議」が開かれ、51ヵ国と国際組織から国会議員や軍縮問題の専門家らが参加して行われた。同年9月23日、国連安全保障理事会はCTBTの早期発効と、核実験の自制を各国に求める決議を賛成多数で採択した。

　翌2017年7月7日には核兵器禁止条約が122ヵ国・地域の賛成多数により採択されるなど、核廃絶、核実験禁止をめぐる国際情勢は前進しているようにも見えるが、CTBT及び核兵器禁止条約発効の目途は立っていないというのが現状である。

　四半世紀が経過しても、実験場周辺には未だに様々な苦しみを抱えて生きる人々がいる。それが核の被害の実態である。

　「私たちは核実験の影響を、自分の子どもの病気を通して実感しました。自分の子どもが病気になるというようなつらいことは、もう誰にも起こってほしくないと強く思います」。

　これは今回のインタビューに回答した保護者の一人が語った言葉である。一人の声の重みをどう受け止めるか、常に問いかけつつ、今後の調査研究を進めていきたい。

　　【付記】本研究は科学研究費補助金（15H03137・19H04355：研究代表者川野徳幸、17K01896：研究代表者平林今日子）の研究成果の一部です。本調査の実施及び本稿の執筆に当たり、共同研究者である広島大学川野徳幸先生、カザフ放射線医学環境研究所 Muldagaliyev Talgat 先生にご協力、ご教示をいただきました。ここに記して深謝いたします。

注

1 「セミパラチンスク」はロシア語名であり，現在はカザフ語で「セメイ」と呼ばれている。本稿では混乱を避けるため，「セミパラチンスク」の呼称で統一する。
2 「多角形」の意味。セミパラチンスク核実験場の形状から，転じて核実験場，あるいは核実験そのものを指す。
3 たとえば，第162回国会（参議院）における被爆二世の健康診断の充実に関する質問に対する答弁書（http://www.sangiin.go.jp/japanese/johol/kousei/syuisyo/162/touh/t162022.htm）において，「『被爆二世』には放射能に起因する健康被害はない」と言及しており，被爆二世に対しては健康診断調査事業のみ実施されている。
4 カザフ放射線医学環境研究所のホームページ（http://rirme.kz/en/expert-council.html）に疾患及び障がいと核実験との関連を証明するために必要な書類について記載あり。
5 たとえば次のような証言がある。「（略）現在では支援は少なく，薬を買うお金が足りません。[2005年調査　クラスニアウル村　女性　1949年生まれ]」。また，09の回答の中で，首都での手術を無料で受けるには書類が必要だが，発行してもらえなかったためにセメイで手術を受けた，との証言があった。
6 2019年2月1日現在，1テンゲ≒0.28427円。1万2,900テンゲ≒3,667円（http://kzt.jp.fxexchangerate.com/jpy/）。
7 ヌルスルタン・ナザルバエフ前大統領の辞任により，2019年3月に首都アスタナは前大統領の名を取り「ヌルスルタン」に改称された。

参考文献

GRANT *et al.* [2015], "Risk of death among children of atomic bomb survivors after 62 years of follow-up: a cohort study," *Lancet Oncol* 16 (13).

MIKHAILOV, V., N. [1996], *Nuclear weapons tests and peaceful nuclear explosions in the USSR 1949-1990*, Ministry of the Russian Federation on Atomic Energy and Ministry of Defense of the Russian Federation.

NOMURA, T. [1982], "Parental exposure to x rays and chemicals induces heritable tumors and anomalies in mice," *Nature* 296 (5857): 575-7.

NOMURA, T. [1983], "X-ray-induced germ-line mutation leading to tumors. Its manifestation in mice given urethane post-natally," *Mutat Res* 121(1)：59-65.

石田忠［1986］,『原爆体験の思想化（反原爆論集Ｉ）』未來社。

鎌田七男ら［2012］,「広島原爆被爆者の子供における白血病発生について」『長崎医学会雑誌』Vol.87。

鎌田七男ら［2014］,「被爆２世白血病発症リスクにおよぼす被爆親からの出生までの期間」『長崎医学会雑誌』Vol.89。

竹峰誠一郎ら［2015］,「旧ソ連核実験によるセミパラチンスク核被害者に対する社会的保護法の概要」『広島平和科学』Vol.37。

日本準備委員会編［1978］,「被爆の実相と被爆者の実情──一九七七NGO被爆問題シンポジウム報告書」朝日イブニングニュース社。

放射線影響研究所［2007］,「被爆二世健康影響調査報告」放射線影響研究所ホームページ（https://www.rerf.or.jp/uploads/2017/05/FOCSreportJ.pdf）〔2019年２月１日アクセス〕）。

　　　　　　　　　　　　　　　　　［京都大学＝平和学，核被害に関する研究］

● 書　評

法と力の二律背反を超えて

西平等『法と力——戦間期国際秩序思想の系譜』名古屋大学出版会，
　2018年

福島　涼史

忘れられた系譜

　「法と力」というやや大げさに見えるタイトルを冠した本書は，その実，平易に訳出されたドイツ語・英語文献を基に，精緻に一つの筋を浮かび上がらせる。その筋というのは，戦間期の国際法学とハンス・J・モーゲンソーやE・H・カーなどをつなぐラインである。従来，我々は二つのラインを観念していた。すなわち，法的な手続きにより頼む楽観的な平和主義の国際法学というライン，そして，それと対峙する力の要素を重視する悲観的な現実主義の国際政治学というラインの二つである。本書は，その中間に，紛争の法的解決を志向しつつも，裁判の限界を基礎づけようとした，忘れられたラインのあることを示す。そして，この系譜が国際法学に淵源をもちつつ，上の国際政治学の大家たちによって担われていったことをあまたの著述を提示することで立証する。

　このことが平和研究（平和学，平和論）にもたらすインパクトは絶大であって，元来の「敵」を「味方」にすることができる。このことは，本書が，従来「国際法否定論者」とされてきたアドルフ・ラッソンを，国際秩序構想の側に取り戻していることによって顕著に示されている。学説史上のReconquistaというような表現は適切でないにしても，これまでの議論

の枠は大きく組み変わる。無論，モーゲンソーやE・H・カーの平和構想（平和論）という地平は，平和研究自体にも内在的省察を促す。

方法と補助線

上の立証の方法として，一方で，ドイツやイギリスの戦間期国際法学の論旨をあぶり出し，他方で各論者の所論を提示して，両者を対照させ，合致と連続を確認している。その際のいわば補助線として，自然法論と実証主義の対立が取り上げられている。これは，国際法学の側で，歴史と学説を混合させた上で，客観的国際法秩序を標榜する自然法論と個別国家の意思を重視する実証主義の対立という枠組みが用いられてきたことによる。本書において，この対立は各所で持ち出され，その例外を提示することによって，反証される。国家の意思を客観的法によって規制しようとしたのが実は，実証主義者であり，反対に，国家の意思に定位して，そのような規制の限界を説いたのが反実証主義者であったというような説示がこれにあたる。このような整序は，上の中間のラインが看過されてきたのは，この対立構図の無理な当てはめによるという見立てからである。国際法学説史研究上は示唆することが多くとも，これはあくまでも本書の目的からすれば，補助線であり，この対立に拘泥しない向きにあっては，一旦後背にフェイドアウトさせてもかまわない。

勢力関係の表現としての法

上の方法をとるために，多くの論者の様々な論をカテゴライズし，それらの間の異同を見極めるための基準，指標が必要となる。本書においては，「勢力関係の表現としての法」という概念がその役割を果たしている。力，あるいは，勢力関係は変動するものであり，対して法は一般に静態的なものとして理解されている。これを前提とした上で，その静態的な法を，動態的な力に引き寄せる形で連動・同期させ，変更しようとする立場に光が当てられる。それは，動態的秩序構想と呼ばれ，本書にとってのメインの

ラインを構成する。したがって，本書では，各著述の内容を要約ししつ，それらは「法を勢力関係の表現として捉えている」，あるいは，「動態的な国際法制度（秩序）を構想している」というような同定が各所でなされる。

　このような評価・作業自体は有益なもので，必要でもあるが，それぞれの著述がその概念・カテゴリーに入ること（外延の同定）が目指されているため，他ならぬその概念の意味内容・定義（内包の同定）には主眼が置かれていない。「国家間の条約は，相互の勢力関係の表現である」というラッソンの言葉に呼応する「法を勢力関係の表現とする」ということの内実は，各論者に即して取り上げられているモデルによって把握することになる。なお，モーゲンソーの力／利益概念に関しては，まさにそのような内包の同定，理論的な切り分けが力強く試みられており，学ぶところが多い。

事情変更原則と労使紛争手続き

　本書の貴重な指摘として，「法を勢力関係の表現」とみなす論者にとってのそのモデルが挙げられている。カウフマンにあっては，事情変更原則がそれにあたる。この原則は，契約や条約が取り結ばれた時点で前提とされている事実が変化すれば，それに応じて契約（条約）も法的拘束力を失う（終了する）というものである。ここでは，公平性・正当性を判断する上位の審級が存在しない国家間の「並列関係」が強調され，この原則が，国際法の構造，国際法秩序自体の在り方を示すものとして，拡張的に援用・昇華される。

　モーゲンソーとカーを結びつけるものとしても重要なモデルが，労使紛争に際しての労働協約や調停などの手続きである。労働協約は労働者団体と使用者団体との間の勢力関係を反映する法としてモデル化される。調停や裁定については，国際法の分析のモデルであることを超えて，あるべき制度構想のモデルでもある。というのも，まず調停が期待されるがそれでも解決しない場合には，強制的な仲裁裁定の仕組みが説かれていたからで

ある。その裁定は，通常の裁判の枠外にあり，現行の法の解釈・適用をなすものではなく，社会的観点からよりよい法変更を図るものと性格づけられていた。これを応用する形で，裁判にはなじまない対立と目される対立を，法の変更によって解消する，動態的な国際法制度の必要が唱えられたとされる。

ブライアリによる批判の射程

「勢力関係の表現としての法」の意味内容を探る上で，注目されるのが，ジェームズ・レスリー・ブライアリの平和的変更論への警鐘である。ミュンヘン宥和を背景に，特定の国家の要求に応じて法を変更しても，戦争回避の方策とはならないとするブライアリの批判が紹介されている。ただし，それは「いささか安直に論じられた平和的変更論」，あるいは，平和的紛争解決手続きの解決案に対する批判に過ぎないと解釈されている。こうして，その批判の範囲は局限され，かく批判するブライアリも一貫して動態的な国際法制度（秩序）を構想したことが強調されている。

そうすると，ブライアリにあっては，悪しき平和的変更論と良き平和的変更論が区分されているはずであり，その線引きは，あるべき動態的な国際法制度（秩序）構想や「勢力関係の表現としての法」という概念の内実・輪郭も明らかにするはずである。政策的提言の次元では，国際機関，特に国際的行政組織への期待が指摘されている。そこで，ブライアリによる批判の射程に含まれているのは，なし崩しの日々の変更であって，その外側に，非裁判的な確立された制度を通じて，限定的に行われる法変更が観念されていたということになろう。

自動車のMTのイメージ

振り返って，今一度「勢力関係の表現としての法」という概念を分析してみると実は異なる側面のあることに気づく。a) 法とはおよそ必然的に勢力関係の表現となる［観察の次元］，b) 勢力関係は人為的に法に反映

すべきものである［実践の次元］。もちろん，全体としては，長期的にはa）であるが，b）を怠ると，平和的でない方法，すなわち，戦争によって，a）がもたらされるということになる。この関係・構図のイメージを模索することで，本書のさらなる理解の一助としたい。

　a）に着目するならば，沈み込みが進んだプレートが跳ね上がり，元の状態に戻るという地震（＝戦争）のメカニズムに近い。b）に着目するならば，自動車のマニュアル・トランスミッション（MT）のイメージが近い。ピストン運動（＝力）による回転数に応じて，タイヤの回転数（＝法）を変えるために，両者をつなぐギアがある。エンジン側の回転数が上がっているのに，適切なギア（比）を用いずにいると，「空ぶかし」ということになり，その逆は「エンスト」につながる。そして，ブライアリの批判の対象は，オートマチックトランスミッション（AT）ということになる。そこでは，自覚的な操作による装置がなく，オイルが常に二つの回転数を同期させていく。

　本書で取り上げられている論調からすると，裁判万能論に対する批判という局面ではa）が語られながらも，いずれの論者も力点はb）の側にあるように見える。そして，そこでは，手続き・制度と介在とそれを基礎づける法学者の役割が文字通り鍵となる。

国際法学の古典として

　モーゲンソーとカーの著作といえば，学部1年の前期に，国際政治論の教授から言われ，アメリカから取り寄せたハードカバーを，夏休みをかけて読んだことが思い出される。それらはリアリズムの国際政治学が誇る古典であって，楽観的国際法学を踏み越えていくことが，それを究めていくことの最初の一歩のように感じられていた。

　国際政治学の側からすると，その古典をその真の淵源から追体験する契機が与えられた。そして何より，これらの古典を国際法学の側に取り戻したことが本書の功績である。これから，その2冊を国際法の棚に置き直し

て，読み返してみたい。

［長崎県立大学＝国際法学］

日本平和学会の研究会活動

日本平和学会事務局

【日本平和学会2019年度 秋季研究集会】
集会テーマ：憎しみではなく，怒りをもって
開催日：2019年11月2日（土）・3日（日）
会場：新潟県立大学

第1日：11月2日（土）
●9：10〜11：40
自由論題部会1　（パッケージ企画）「平和と音」をめぐる理論・思想・実践
　「平和を創る音」ワークショップ：佐藤壮広（立教大学）
　報告：田中公一朗（上智大学）「PLUR カントの『思想』と EDM」
　報告：長谷川貴陽史（首都大学東京）「平和と音 現代音楽からの若干の示唆」
　報告：芝崎厚士（駒澤大学）「『ボブ・ディランという音』と平和学 ポール・ウィリアムズのディラン論を中心に」
　討論：酒井啓子（千葉大学）
　討論：五野井郁夫（高千穂大学）

●10：00〜11：40
自由論題部会2　（単独）
　報告：小野一（工学院大学）「ドイツにおける放射性廃棄物最終処分場問題――「取り出し可能性」論議についての検討を中心に――」
　報告：大久保正太郎（神戸大学大学院）"Governing through Faith? A Foucauldian Critique of the Post-Secular World Politics"
　討論：佐藤温子（香川大学）
　討論：和田賢治（武蔵野学院大学）
　司会：佐藤史郎（東京農業大学）

自由論題部会3（単独）
　　報告：朴仁哲（特定非営利活動法人　社会理論・動態研究所）「東アジアの記憶の場の探求――朝鮮人「満洲」移民研究のフィールドからの問いかけ――」
　　報告：前田朗（東京造形大学）「ヘイト・スピーチ法研究の今後の課題――地方自治体における取り組みの現状」
　　討論：内海愛子（大阪経済法科大学）
　　討論：池田賢太（弁護士）
　　司会兼討論：権香淑（上智大学）

●12：10〜14：10
分科会
①「ジェンダーと平和」分科会
　　テーマ：イスラームとジェンダー
　　報告者：佐伯奈津子（名古屋学院大学）「インドネシア・アチェ州におけるイスラーム刑法と女性・性的少数者」
　　討論者・司会：近江美保（神奈川大学）

②「難民・強制移動民研究」分科会
　　テーマ：「『難民』をどう捉えるか―難民・強制移動研究の理論と方法」
　　パネリスト：小泉康一（大東文化大学），上野友也（岐阜大学），木内鉄也（慶應義塾大学出版会）
　　モデレータ：池田丈佑（富山大学）

③「非暴力」分科会
　　テーマ：現代における「非暴力」概念の意義を考える
　　報告者：寺島俊穂（関西大学）「ジーン・シャープの非暴力思想」
　　司会：藤田明史（立命館大学）

④「平和と芸術」分科会　＊開催校共同企画
　　テーマ：芸術はいかに暴力に抗うか？：山形国際ドキュメンタリー映画祭

2019開催によせて
報告者：黒田俊郎（新潟県立大学）「ドキュメンタリーと平和」
報告者：湯浅正恵（広島市立大学）「多様性と対話をめぐる行政，市民，アーティスト」
討論者：小林誠（お茶の水女子大学）
司会：佐藤壮広（立教大学）

⑤「公共性と平和」分科会
テーマ：平和創造における教育と宗教の公共的使命について考える
報告者：鶴見直人（代表）（関西外国語大学），岸野浩一（関西外国語大学），小田桐確（関西外国語大学）「時事問題と大学教育における公共性を巡る一試論（予備的考察）」
報告者：玉井雅隆（東北公益文科大学）「CSCEプロセスに見る公共財としての『平和』と宗教」
討論者：臼井陽一郎（新潟国際情報大学）
司会：玉井良尚（京都先端科学大学講師）

●14：20〜15：10
総会

●15：20〜17：50
部会1（企画委員会・「植民地主義と平和」分科会企画）
脱植民地化と自己決定（民族自決）の今日的課題——ニューカレドニア（カナキ）の住民投票と西サハラの新和平対話を分析する（Contemporary challenges for decolonization and self-determination： Analyzing the referendum in New Caledonia (Kanaky) and new peace talks on Western Sahara）
報告：Jacob Mundy（米コルゲート大学）"The global political economy of conflict intractability： Western Sahara and Middle Eastern (in) security"
報告：勝俣誠（明治学院大学名誉教授）「21世紀の「インド・太平洋」の独立と平和——ニューカレドニアの2018年の住民投票の考察から」

討論：高林敏之（西サハラ問題研究室）
討論：松野明久（大阪大学）
司会：藤岡美恵子（法政大学）

ドキュメンタリー映画『女を修理する男』上映会
　司会：米川正子（筑波学院大学）
　解説：華井和代（東京大学）

第2日：11月3日（日）
● 9：10〜11：40
部会2（開催校企画）環境と平和——エネルギーへの欲望が創り出す新潟
　報告：吉原悠博（写真館主・美術家）「映像「培養都市」——首都と地方のディスタンス——持続可能な社会とは？」
　報告：横山志保（新潟日報論説編集委員）「原子力発電と信濃川水力発電——新潟は国策とどう向き合ったのか」
　報告：大熊孝（新潟大学名誉教授）「阿賀野川・信濃川の水力発電形態と新潟水俣病——「民衆の自然観」と「国家の自然観」の軋轢」
　報告：佐々木寛（新潟国際情報大学，「おらってにいがた市民エネルギー協議会」代表理事）「文明転換への挑戦——新潟の"エネルギー・デモクラシー"」
　司会：小谷一明（新潟県立大学）

自由論題部会4（単独）
　報告：富樫耕介（東海大学）「紛争後のチェチェンにおける権威主義体制下の「平和」——「平和」をめぐる現地住民の言説の比較・検討——」
　報告：Bastola Susmita（大阪女学院大学大学院）"Nepalese Foreign Migration: Consequences of Armed Conflict"
　報告：藤井広重（宇都宮大学）「アフリカと国際刑事裁判所をめぐる関係性についての実証研究——アフリカ連合とローマ規程締約国会議での議論に着目して——」
　討論：井上実佳（東洋学園大学）

討論:中内政貴(大阪大学)
司会:中村長史(東京大学)

●12:10〜14:10
① 「平和学の方法と実践」分科会
テーマ:世界平和の100年
報告者:吉川元(広島市立大学)「民族自決主義の100年——国民国家建設と民族国家建設の相克の歴史」
報告者:山田哲也(南山大学)「国際機構の100年」
討論者:菅英輝(京都外国語大学)
討論者:黒澤満(大阪女学院大学)
司会:竹中千春(立教大学)

② 「軍縮・安全保障」分科会 ＊開催校共同企画
テーマ:拉致問題をあらためて考える
報告者:セバスティアン・マスロー(東京大学)「日朝国交正常化交渉と拉致問題——『対話』・『圧力』外交と日本の『国難』」
討論者:蓮池薫(新潟産業大学)
司会:佐藤史郎(東京農業大学)

③ 「環境・平和」分科会 ＊開催校共同企画
テーマ:新潟水俣病シンポジウム「阿賀野川の畔で考える——新潟水俣病の現在——」
〈セッション1〉
パネラー:菅原ハル(新潟水俣病阿賀野患者会会員〔原告〕),皆川栄一(新潟水俣病阿賀野患者会会員〔原告団長〕),中村周而(新潟水俣病弁護団〔団長〕),高野秀男(新潟水俣病共闘会議〔幹事長〕),笠井賢紀(慶應義塾大学)
司会:酢山省三(新潟水俣病阿賀野患者会〔事務局長〕)
〈セッション2:画像で見る新潟水俣病〉
小原王明(新潟在住のカメラマン)「写真集『AGA MINAMATA——水俣病

は終わらない』」から
〈セッション3：エピローグ〉
新潟県立大学の学生「絵本『みなまたの木』原画展，水俣病の実態に触れて」

④「平和教育」分科会
　テーマ：これからの平和教育の課題とは
　報告者：柴崎秀子（長岡技術科学大学）「国内留学生，米国人大学生，及び日本人大学生における原爆投下と核問題に対する意識調査」
　報告者：外池智（秋田大学）「戦後70年における『次世代の平和教育』——広島，長崎を事例として——」
　報告者：一盛真（大東文化大学）「真理は醜い（ニーチェ）——ナチの手口に学べ——」
　司会：杉田明宏（大東文化大学）

⑤「平和文化」分科会
　テーマ：クイアと信仰をめぐる平和
　報告者：長島史織（立命館大学大学院）「クィア・ムスリムについて」
　報告者：欧陽珊珊（立命館大学大学院）「台湾における性的マイノリティ運動——その宗教的諸関係をめぐって」
　討論者：渡辺守雄（筑紫女学園大学）
　司会：鈴木規夫（愛知大学）

●14：20～16：50
部会3（企画委員会企画）惑星限界の平和学——非ヒトとの共生のために
　報告：中野佳裕（早稲田大学地域・地域間研究機構次席研究員）「玉野井芳郎の地域主義：人新世におけるその現代性と可能性」
　報告：土佐弘之（神戸大学）「人（資本）新世におけるポスト・ヒューマニズム：類としての人間を超える／分断する政治」
　報告：古沢広祐（國學院大學）「共生・共存パラダイムとグローバル資本制社会」
　討論：羽後静子（中部大学）

討論：横山正樹（フェリス女学院大学名誉教授）
司会：勅使川原香世子（明治学院大学国際平和研究所研究員）

部会4　ワークショップ（平和教育プロジェクト委員会企画）トレーナーズトレーニング民主主義を機能させる「やり⇔とり力」：「シカト力」を超えてActive citizenになるために

ファシリテーター：奥本京子（大阪女学院大学），笠井綾（宮崎国際大学），高部優子（横浜国立大学大学院），暉峻僚三（川崎市平和館），中原澪佳（新潟大学大学院）

リサーチャー：鈴木晶（横浜市立東高校），山根和代（平和のための博物館国際ネットワーク）

SUMMARY

Migration and Protection of Human Rights in Assam, India
With a Focus on the National Register of Citizens Update

KIMURA Makiko

The influx of migrants from former East Pakistan and present Bangladesh has been one of the most debated issues in Assam, one of India's northeastern states. Assam's National Register of Citizens (NRC) was first created in 1951 to identify illegal migrants. The need to update NRC has been evident since the 1980s when the movement against illegal migration began to grow in Assam.

The Supreme Court ordered an update in 2013, and a complete draft was published in July 2018. The names of four million citizens were left off the list. It was anticipated, particularly among the pan-Indian media, that the ruling Bharatiya Janata Party (BJP), known for its right-wing Hindu nationalism, would use this updated NRC to ostracize Muslims in the state. However, to date, most groups, including Muslim organizations in Assam, have supported the NRC update process.

At the same time, there have been widespread reports regarding the appalling human rights situation of people designated as "foreigners" by Assam's Foreigners Tribunals and detained in detention centers since 2018. There are currently 1,037 people being indefinitely detained in detention centers. Since 2017, more than 13,000 people in Assam have been designated as "foreigners," including many citizens without proper documentation. Also it is illegal for foreigners to stay without proper passport/visa. But the government does not have the logistics to deport such a large number, and it is unlikely that the Government of Bangladesh will accept them.

Based on fieldwork and a historical analysis of Assam, this presentation seeks to identify the human rights violations being committed against these migrants and people of migrant origins and how the process of updating the NRC affects them.

Cross-Border Cooperation between Indigenous Peoples: Focusing on the Proposed Nordic Saami Convention in 2005

OSAKADA Yuko

This paper examines the potential cross-border cooperation among the Saami people in Sweden, Norway, and Finland, focusing on the proposed Nordic Saami Convention in 2005. It argues that the proposed convention is more progressive than the United Nations Declaration on the Rights of Indigenous Peoples for several reasons. First, the proposed convention requires states parties to minimize the impact of national borders on Saami people; second, it contains several provisions that require states parties to promote their activities across national borders and stipulates their custom right to conduct reindeer husbandry across national borders; and third, it recognizes the possibility of excising their right of self-determination transnationally.

On the contrary, the proposed convention encountered the following limitations and difficulties. First, Saami people living in Russia were not protected under this convention. Second, Finland was strongly opposed to the obligation to obtain consent from the Saami Parliaments, while they supported the obligation to consult with them. Third, Norway was strongly against the custom right of Saami people to conduct reindeer husbandry across national borders.

As a result, the new draft of the Nordic Saami Convention in 2017 weakens the status of the Saami Parliaments and the rights of Saami people in many ways although it retains some provisions that require the states parties to only promote their activities across national borders. For example, the Saami Parliaments are no longer regarded as a formal party of negotiation of the Saami Convention, thus the provision that requires states to obtain consent from the Saami Parliaments before ratifying the convention had been deleted. The reference to the Saami people's custom right to conduct reindeer husbandry across national borders was deleted. The nearly equal relationship between the Saami and Nordic States assumed in the proposed convention in 2005 is unlikely to be currently realized, though it would retain its significance by showing the future direction for indigenous peoples.

Toronto's Sanctuary Policies for Protecting Its Undocumented Citizens

FUJIMOTO Koji

In 2013, the Toronto City Council adopted a motion reaffirming the city's "commitment to ensuring access to services without fear to immigrants without full status or without full status documents." As one of the first Canadian cities to implement a sanctuary policy, Toronto has made city services available to undocumented Torontonians who can now live without the fear of being asked for proof of status. The purpose of this study is to introduce the idea of employing Toronto's sanctuary policy in Japan.

The first chapter describes the outline of Toronto's sanctuary policy, which is based on providing "access to City Services for Undocumented Torontonians (Access T. O.)." Accordingly, "access without fear" is pivotal in this policy. The second chapter provides a brief history of the policy and clarifies that it was drafted not only to protect the human rights of undocumented Torontonians but also to maintain Canada's economic growth to which they had contributed.

The third chapter addresses the tensions between the provincial government, Toronto city government, and the federal government caused by the implementation of the sanctuary policy.

In the concluding remarks, this study presents two perspectives on the study of Toronto's sanctuary policy: defiance by the municipal government against federal immigration laws and policies and coordinately upholding Canada's obligations under international human rights treaties such as International Covenant on Economic, Social and Cultural Rights.

Examining the Influence of the Ottawa Treaty and the Oslo Convention on Opt-out States

SETO Tatsuya and FUJITA Taisuke

The Ottawa Treaty, or the Anti-Personnel Mine Ban Convention (APMBC), and the Oslo Convention, or the Convention on Cluster Munitions (CCM), have attracted many international relations scholars. The multilateral regulatory conventions pertaining to military weapons were established despite the fact that great powers had opposed these conventions due to military security considerations. Non-governmental organizations (NGOs) and middle powers succeeded in establishing APMBC and CCM by emphasizing the inhumanity of weapons to increase the number of signatories to the conventions. Accordingly, existing studies have focused on how the humanitarian norm factor (rather than the military security factor) contributed to increasing the number of original members of the conventions before their establishment. However, we must note that the conventions faced opposition from great powers and many states did not join them at the time of their establishment as had been expected. With NGOs' goal of abolishing weapons from the world in mind, one of the reasons why the conventions were highly evaluated is that, once established, they were considered to influence even the states that did not join the conventions through pressuring them to become members, not use the weapons, and so forth. Accordingly, it is essential to explore whether the conventions have influenced such states since their establishment. If they have, has their influence resulted from humanitarian considerations as it did before the establishment? Alternatively, as is often the case with regulatory conventions of military weapons, does their influence rest on states' security considerations? As a first attempt to answer this research question, the present paper examines why the influence on opt-out states has been different between the conventions. The analysis shows that security considerations were more important than humanitarian norms in terms of the effects that the conventions had on states that were not party.

The State of Democracy Support: Focusing on the Problems of Civil Society Space

SUGIURA Koichi

This article examines the current state and agenda of democratic recession globally as well as the obstacles to democracy support, specifically focusing on issues related to diminishing civil society space.

The global deterioration of democracy and backsliding of democratization are clearly observable. Such a phenomenon is caused by the long-term erosion of democratic institutions rather than short-term events such as coups. One important consequence is the restriction of civil society space, which has proliferated in various countries since the late 2000s. In countries such as Russia, several stringent measures, including harsh restrictions on foreign funding for civil society organizations, have been implemented.

However, democracy support has faced various difficulties. The Iraq War in 2003 led to the "backlash" against democracy support generally. Furthermore, the decline of Western powers associated with the emergence of China, referred to as a "power transition," threatens the United States (US)-led liberal international order with negative effects on democracy support. The decline of Western liberal democracy's appeal damages democratization and democracy support as well.

Consequently, democracy support has been forced to change. The de-politicization of democracy support, which avoids involvement in political arenas, is accelerating. Additionally, democracy support remains a low priority in Western countries' foreign policies; the growing difference among actors' priorities hinders its international cooperation. The US' and European Union's responses to the problems of civil society space also reflect these obstacles to democracy support. To improve the effectiveness of democracy support and protect civil society space, the actors should develop a support strategy that is adjusted to the situation of the target country while making stakeholders' priorities clear and strengthening international cooperation. Simultaneously, the so-called "re-democratization" of Western democracies is required to recover democracy's appeal as a political regime model.

How do children and their parents recognize the nuclear tests at Semipalatinsk?

HIRABAYASHI Kyoko

The Semipalatinsk Nuclear Test Site was the most frequently used nuclear test facility of the former Soviet Union. During its 40-year-old history, 456 nuclear tests were carried out until the site was closed in 1989. Surveys around Semipalatinsk area were conducted to ascertain the overall impact of these tests. We interviewed children with diseases and/or disabilities and their parents from 12 families in this area from 2009 to 2017.

Whether the disabilities or diseases were officially diagnosed by a healthcare professional or not, most parents blamed the nuclear tests at the Semipalatinsk Site for their children's health problems. The parents' reasons for linking their children's medical problems to nuclear tests were classified into three categories: the children's grandparents had been exposed to radiation directly; the parents themselves grew up in a contaminated area; the area in which they currently reside is contaminated, and their children are directly affected.

We also explored whether the parents' guilt was eased when their children's ill-health was attributed to nuclear testing. A detailed analysis of the survey responses revealed that these parents tended to blame themselves for their children's illnesses regardless of the circumstances, and were left wondering "if only there were no nuclear tests." Exploring such layers of thought would shed light on the reality of adverse mental effects on the Semipalatinsk Nuclear Test Site victims.

編集後記

　足かけ1年の編集作業が比較的スムーズに終わりを迎えようとしている。関係各位に多大なる感謝の念を抱くばかりである。まず参考のため，本号編集の経過を概観しておく。昨年8月末の第53号の投稿呼びかけに応じ，多くの投稿論文申込みをいただいた。内規に従い，あらかじめ複数の査読者に投稿予定原稿の査読依頼をする必要があり，編集委員としては，投稿申込みの内容に合わせて各会員に査読を依頼し内諾をいただく作業が一つのヤマとなった（その後に投稿辞退が複数生じたことは編集担当としても誠に遺憾である）。本年2月に投稿が締め切られてからは，各原稿の査読依頼，各査読結果の集約，査読に基づく各々の執筆者への修正依頼のやりとりで数ヵ月が瞬く間にすぎていった。その後は，編集委員間および編集委員会での各原稿の修正確認と掲載判定，各々の判定結果連絡と各執筆者への掲載原稿の完成（修正）依頼等を経て，本号には最終的に3本の投稿論文が掲載されるに至った。採否にかかわらず，力作を投稿してくださった会員各位に，あらためて御礼を申し上げる。また，投稿論文の字数制限について細かいところで行き違いがあり，最終段階で字数削減をお願いすることになった各投稿者に，この場を借りて深くお詫び申し上げたい。

　以上に並行して依頼原稿（特集論文，書評）の集約も行い，これは特に支障なく終えることができた。各々の研究の強みを活かした論稿をよせてくださった会員各氏，また，折にふれ進行状況を確認し，大小の問題が起きるたびにリーダーシップを発揮してくださった浪岡新太郎編集委員長（23期），そして，厳しい時間制限にもかかわらず的確な査読を無償で担っていただいた会員諸氏に心からの感謝を申し上げる。

　最後に，本号の特集テーマ「国境を越える人びと」によせて，近時の日本の動向について雑感を記したい（逐一引用は避けるが主に新聞報道による）。今夏の参院選後になり，日本で働く技能実習生に関し，長時間労働，残業代未払，労災隠しに至るまで，昨年度中に労基署が把握した法令違反事業所だけでも5,160ヵ所に上り，5年連続で最多記録を更新したとの報道がなされたことは記憶に新しい。話をすこし遡れば，本号の投稿が昨年11月に締め切られた後のことになるが，周知の通り，昨年末に入管法改正が成立し，在留資格「特定技能1号」・「特定技能2号」を設けた新法が本年4月1日に施行された。新法施行から間もない4月中旬，東京電力が，人手不足を理由に掲げ，福島第一原子力発電所の廃炉作業等に，新資格「特定技能」の外国人労働者を受け入れる考えを表明した。原発労働は，従来の技能実習制度では認められてこなかったとこ

ろ——もっとも実習生を除染作業に従事させた建設関連会社が処分を受けた等の報道は続いていた——，その制約が課されない法改正に早々に手を挙げたわけである。これに対し，関連団体等から安全策を懸念する声などが相次ぎ，翌5月，厚生労働省が「極めて慎重な検討」を求める通達を出して東電に見直しを迫った結果，東電側から「当面の間」は就労させないとの発表がされるに至った。ただし，報道された東電福島復興本社の担当者の言によれば，「この先ずっと就労させないと言い切っているものではない。検討して改善したうえでの就労はありえる」とのことである（2019年5月23日『朝日新聞』）。働く人々の福利厚生ではなく，買い叩ける／使い捨てられる労働力を求め続ける巨大資本の貪欲さが如実に剥き出しとなった一幕である。

　グローバル化が進展する世界において，後期資本主義に浸潤された日本社会では，華々しく越境していく貨幣経済が目を引き，工場移転からオフショア法人設立に至るまで超過利潤を求める資本が軽々と国境を越えていく事態はもはや日常茶飯事である。その一方で，本来的に越境が難しい当地のエネルギー供給や建設業を筆頭に，消費社会の基幹をなす流通や小売，さらに身近なところでは福祉サービス等の現場において，労働人口減の最中で安価な「人手」が欲し続けられている。今般の入管法改正をめぐる諸問題にしても，あるいは「プル要因」を度外視し，越境する個々人の動機と態様へと問題が矮小化され，今日も露骨な人権侵害がまかり通る難民行政にしても（「偽装難民」！），この経済社会構造の真っただ中，頑なに「移民」を否認し続け，海を渡るひとりひとりの尊厳と権利（世界人権宣言）をないがしろにし，「人手」（労働力）だけを呑み込まんとする構造的欺瞞自体が克服されなければならない。言い換えれば，「国境を越える人びと」の人権保障を貫徹するには，表面的な政策や法制度の分析にとどまることなく，法・政治の上部構造を陰に陽に駆動し続ける下部構造の抉剔とその解放の運動にまで到達せざるをえない。このことは編者が専攻する法学にあっても喫緊の課題であるが，あいにく残されたままの現況にある。本号の特集公刊を契機として，人間解放の平和研究とその実践が花開いていくよう，今後も微力を尽くしていきたい。

孫占坤・齋藤民徒

日本平和学会設立趣意書

　1960年代後半から平和研究の世界各地での制度化の傾向にはいちじるしい進展が見られる。しかし日本においては，未だ制度としての平和学会は存在せず，戦後28年を経てわれわれは，おくればせながら日本の平和研究の立ちおくれについて自覚せざるをえない状況に立ちいたった。世界でユニークな平和外交の展開さるべき日本外交の動きの鈍重さの理由も，ここに一つの原因を発見さるべきであろう。これは日本国内の問題としてのみ提起さるべきではない。むしろ，世界的な問題として提起さるべきであろう。

　われわれは早急にこの立ちおくれを克服し，被爆体験に根ざした戦争被害者としての立場からの普遍的な平和研究を制度化しようと考えている。他方，70年代の日本は今後アジアの小国に対しては，再び加害者の立場に移行する危険性をも示しはじめている。日本平和学会はあくまで戦争被害者としての体験をすてることなく，将来日本が再び戦争加害者になるべきでないという価値にもとづいた科学的，客観的な平和研究を発展させようと考えている。研究は客観的，科学的であるべきであるが，研究の方向づけにおいてけっして道徳的中立性はありえない。

　われわれは行動科学的かつ計量的な研究方法を十分に使用することはもちろんであるが，他方，伝統的な歴史的あるいは哲学的方法の長所もすてることなく育成してゆきたい。多様な研究方法を統合して長期的な平和の条件を確立するために役立つ真に科学的，客観的な戦争と平和に関する研究を促進，発展させることが本学会設立の真のねらいである。

　われわれは研究成果が現存制度によって利用されることを望む。しかし他方，われわれは決して単なる政策科学にとどまることに同意しない。現存制度による知識の悪用に対しては絶えざる批判を続けるいわゆる批判科学をも発展させたいと考えている。

1973年9月

（注）

本設立趣意書第2段にある「アジアの小国」について，趣意書が書かれた時点の意図は判明しないが，現在の観点からすると誤解を招きかねず，適切とはいえない表現であると判断する。しかし，本趣意書の歴史的文言としての性格に鑑みて，

趣意書そのものを書き改めるわけにはいかないと判断し，原文のままとして，本注記を付すこととした。日本平和学会は，日本が大国であると考えるわけでも，アジアの国々を大国，小国と区分けしようとする意図があるわけでもないことをお断りしておく。　　　　　　　　　　　　　（2004年11月6日，第16期理事会）

日本平和学会第23期（2018年1月1日～2019年12月31日）

【執行部】

会　　　長　黒田俊郎　　　　　　副　会　長　竹中千春　ロニー・アレキサンダー
企画委員長　佐伯奈津子　　　　　副企画委員長　佐藤史郎
編集委員長　浪岡新太郎　　　　　広報委員長　竹峰誠一郎
国際交流委員長　奥本京子　　　　学会賞選考委員長　阿部浩己
平和教育プロジェクト委員長　高部優子
「3・11」プロジェクト委員長　蓮井誠一郎
『戦争と平和を考えるドキュメンタリー50選』WG主任　石田淳
第二期全国キャラバンWG主任　木戸衛一
将来構想WG主任　竹中千春
事 務 局 長　清水奈名子

【理事】＊は地区研究会代表者

[北海道・東北]　小田博志　＊清末愛砂　黒崎輝　鴫原敦子
[関東]　青井未帆　阿部浩己　石田淳　上村雄彦　上村英明　内海愛子　遠藤誠治
　　　　勝俣誠　川崎哲　五野井郁夫　小林誠　酒井啓子　清水奈名子　高原孝生
　　　　高部優子　竹中千春　竹峰誠一郎　蓮井誠一郎　＊平井朗　古沢希代子
　　　　堀芳枝　浪岡新太郎　毛利聡子　米川正子
[中部・北陸]　黒田俊郎　佐伯奈津子　＊佐々木寛　高橋博子
[関西]　＊猪口絢子　奥本京子　木戸衛一　君島東彦　佐藤史郎　田中勝
　　　　原田太津男　山根和代　ロニー・アレキサンダー
[中国・四国]　＊石井一也　佐渡紀子
[九州]　近江美保　＊木村朗
[沖縄]　島袋純　＊鳥山淳

【監事】大平剛　横山正樹

【委員会】＊は委員長
　［企画委員会］　小田博志　片岡徹　＊佐伯奈津子　佐藤史郎　四條知恵　高橋良輔
　　　　　　　　　高林敏之　鶴田綾　内藤酬　中村文子　長谷部貴俊　藤岡美恵子
　　　　　　　　　前田幸男
　［編集委員会］　阿知良洋平　熊本博之　小松寛　齋藤民徒　孫占坤　中野裕二
　　　　　　　　＊浪岡新太郎　前田輪音
　［広報委員会］　秋山肇　猪口絢子　大野光明　＊竹峰誠一郎　鈴木真奈美　高橋博子
　　　　　　　　　勅使川原香世子　平林今日子
　［国際交流委員会］　＊奥本京子　加治宏基　片野淳彦　君島東彦　児玉克哉
　　　　　　　　　　　佐々木寛　古沢希代子　松野明久
　［学会賞選考委員会］　＊阿部浩己　勝俣誠　佐渡紀子　横山正樹
　［平和教育プロジェクト委員会］　奥本京子　笠井綾　杉田明宏　鈴木晶　＊高部優子
　　　　　　　　　　　　　　　　　暉峻僚三　中原澪佳　堀芳枝　松井ケティ
　　　　　　　　　　　　　　　　　山根和代　ロニー・アレキサンダー
　［「3・11」プロジェクト委員会］　藍原寛子　鳴原敦子　鈴木真奈美　高橋博子
　　　　　　　　　　　　　　　　　徳永恵美香　＊蓮井誠一郎　平井朗
　［『戦争と平和を考えるドキュメンタリー50選』WG］
　　＊石田淳　上野友也　小松寛　佐藤史郎　清水奈名子　下谷内奈緒
　［将来構想WG］　黒田俊郎　佐々木寛　清水奈名子　＊竹中千春

日本平和学会会則

第1条　本会の名称は日本平和学会（The Peace Studies Association of Japan [PSAJ]）とする。

第2条　本会は国家間紛争に焦点をおき，これに関連したあらゆる紛争の諸原因と平和の諸条件に関する科学的研究を行い，関連諸領域の学問的発展に資することを目的とする。

第3条　本会は次の活動を行う。
　(1)　研究会および講演会の開催
　(2)　会員の研究成果の刊行
　(3)　内外の学会その他関連諸機関との連絡および学者間の交流
　(4)　その他本会の目的を達成するに必要かつ適当と思われる諸活動

第4条　本会への入会は会員2名の推薦を要し，理事会の議を経て総会の承認を得なければならない。また，在外会員（留学生は除く）については，しかるべき研究機関の推薦状によって会員2名の推薦に代替させることができる。ただし，本会の研究成果が戦争目的に利用されるおそれのある機関あるいは団体に属するものは原則として入会できない。

第5条　会員は本会の刊行物の配布を受け，各種の会合に出席することができ，完全な投票権行使の権利と役員になる権利を持つ。

第6条　退会を希望する会員は会長宛てに退会届を提出し，事務局（業務委託先）に退会届が到着した日付をもって，退会したものとする。既納の会費は事由の如何を問わず，これを返還しない。

第7条　会員は所定の会費を納める。2年以上にわたって会費を納めない者は原則として会員たる資格を失う。

第8条　会員は退会する場合，会費未納につき会員たる資格を失う場合のいずれも，未納会費を清算する。

第9条　会員としての権利の濫用がなされた場合，また平和学会の目的に反する活動を主宰あるいはこれに参加した場合は，一定の手続きを経たうえで，本会から除名されることがある。

第10条　通常総会は毎年1回，臨時総会は必要に応じ理事会の議を経て，会長

が招集する。

第11条　総会の決議は出席した会員の過半数による。ただし，会則の変更は出席した会員の3分の2以上の同意をもってこれを決定する。

第12条　本会に理事を若干名おく。

第13条　理事は会員の投票に基づき，総会において選出される。理事は理事会を構成し，学会の業務を管掌する。理事の任期は2年とし，再選を妨げない。

第13条の2

(1) 理事会の定足数は，出席者および委任状提出者を併せ，理事の過半数とする。

(2) 理事会の決議は，出席者および委任状提出者合計の過半数の賛成をもって成立する，ただし，会則の変更その他理事会自らが指定した重要事項については，同三分の二以上の賛成によるものとする。

(3) 特に必要と認める場合，理事会は，単純多数決で行う別の決議により，理事会決議の成立を出席しかつ投票する者の三分の二以上の賛成にかからしめることができる。この場合，定足数は，理事の過半数の出席とする。

第14条　会長は理事の中から互選される。会長は本会を代表し，その業務を統轄する。会長の任期は2年とする。

第15条　会長は理事の中から副会長および他の役員を指名できる。副会長は会長を補佐し，かつ会長がその職務を執行できない場合には，会長の職務を代行する。副会長の任期は2年とする。

第16条　本会に賛助会員を置くことができる。賛助会員については別に定める。

第17条　本会に名誉会員を置くことができる。名誉会員については別に定める。

第18条　本会の会費は年10,000円とする。ただし，学生会費は年5,000円とする。

第19条　会計年度は4月1日から翌年3月31日までとする。

第20条　本会に事務局を置く。事務局の所在は別に定める。

付則

1．この会則は1973年9月10日より実施する。

2．この会則は1979年11月24日より実施する。
3．この会則は1988年6月5日より実施する。
4．この会則は1990年11月24日より実施する。
5．この会則は1991年11月9日より実施する。
6．この会則は1993年11月14日より実施する。
7．この会則は1994年11月21日より実施する。
8．この会則は1996年6月15日より実施する。
9．この会則は2001年6月2日より実施する。
10．この会則は2004年11月6日より実施する。
11．この会則は2010年11月6日より実施する。
12．この会則は2017年11月25日より実施する。

倫理綱領
　　　(1)　会員はすべて平和に資する研究を行う。
　　　(2)　会員はすべて研究に際して社会的責任を自覚する。
　　　(3)　会員はすべて軍事化に加担しない。

再入会に関する規則
（目的）
第1条　この規則は，日本平和学会会則（以下「会則」という）第4条に基づき，日本平和学会（以下「本会」という）への再入会について必要な事項を定めるものとする。
（再入会手続き）
第2条　本会への再入会希望者は，会員2名の推薦を得て所定の再入会申込書を提出し，理事会の議を経た後，総会の承認を得なければならない。
（滞納会費）
第3条　会則第7条に基づき会費を滞納して会員たる資格を失った者が再入会を希望する場合は，再入会の際，1年分の会費を納入することとする。なお納入する会費額は，再入会時点での会費額とする。
（補則）
第4条　この規則の実施に関し必要な事項は，理事会の決定に従い，会長が別

に定めるものとする。

（改正）
第5条　この規則は，必要と認めた場合，理事会の決議により改正することができる。

附則
この規則は，2015年11月28日より実施する。

理事会電子メール審議規程
第1条　この規程は，日本平和学会会則第11条（理事会の構成と任務）および第11条の2（理事会の定足数と決議）を補うものとして定められる。
第2条　理事会は，迅速な対応を求められる重要な案件について決議を成立させるために，電子メール審議を行うことができる。電子メール審議は，全理事を網羅している理事会メーリングリストを利用して行うものとする。
第3条　電子メール審議は，重要な案件について緊急に必要な場合に限るものとし，電子メール審議の案件を提案できるのは会長のみとする。
第4条　提案の電子メールが発信されてから1週間程度を審議期間とする。
第5条
　　(1)　電子メールの発信内容は，受信者にとってわかりやすい表示および内容とする。
　　(2)　タイトル欄の冒頭に【日本平和学会理事会電子メール審議 mm/dd まで】と表示する。
　　(3)　審議案件は明確な表現にて下記を簡潔にまとめる。
　　　　・審議案件
　　　　・審議依頼内容
　　　　・賛否回答の要請（依頼は賛成，反対を明確に表明できる構成とする。）
　　　　・回答期限（期日・時間を明確にする。）
第6条　審議内容に意見がある場合は，審議参加者全員宛に意見を送る。
第7条　回答期限までに，理事総数の3分の1以上の理事が異議を表明しない

　　　　場合，その提案は承認されたものとし，理事会の決議として成立する。
第8条　電子メール審議のプロセスで，提案に修正を求める意見が表明された場合，会長は当初の提案を修正して再提案することができる。その後のプロセスも上記第4条から第7条の規定にしたがう。
第9条　電子メール審議にかかわるメールは，学会事務局が保管する。
第10条　成立した決議の内容は，会長が次の理事会で報告する。

附則　この規程は，2016年3月20日より実施する。

賛助会員に関する規則
（目的）
第1条　この規則は，日本平和学会会則（以下「会則」という）第14条に基づき，日本平和学会（以下「本会」という）の賛助会員について必要な事項を定めるものとする。
（賛助会員の定義）
第2条　賛助会員とは，本会の目的及び活動に賛同する法人又は団体とする。
第2条の2　賛助会員は，本会における投票権行使の権利と役員になる権利を持たない。
（入会手続き）
第3条　賛助会員になろうとする者は，理事1名を含む会員2名の推薦を得て所定の入会申込書を提出し，理事会の議を経た後，総会の承認を得なければならない。
（会費）
第4条　賛助会員は次の会費（年額）を納入しなければならない。
第4条の2　賛助会員の会費は1口30,000円（年額）とする。
（賛助会員の特典）
第5条　賛助会員は次の特典を享受することができる。
　　（1）本会が刊行する学会誌の配布（各号1冊）を受けること。
　　（2）本会が発行するその他の刊行物の配布を無料で受けること。
　　（3）研究大会及び研究集会において報告を行い，又は学会誌に投稿すること。

(4)　研究大会及び研究集会の懇親会に2名まで無料で参加すること。
　(5)　本会の行う各種の行事に参加すること。

（退会）
第6条　賛助会員は所定の退会届を会長に提出することにより，いつでも退会することができる。
第6条の2　2年以上にわたって会費を納めないものは，原則として賛助会員たる資格を失う。
第6条の3　第1項の場合，既納の会費は事由の如何を問わず，これを返還しないものとする。

（補則）
第7条　この規則の実施に関し必要な事項は，理事会の決定に従い，会長が別に定めるものとする。

（改正）
第8条　この規則は，必要と認めた場合，理事会の決議により改正することができる。

附則
この規則は，2015年7月18日より実施する。

名誉会員規定
　(1)　理事会は，理事を20年以上務めるなど本学会に多大の貢献のあった70才以上の会員を，本人の同意を得て，名誉会員とすることができる。理事会は，これを総会に報告する。
　(2)　名誉会員は会費納入義務を負うことなく会員の資格を継続するが，理事選挙における選挙権および被選挙権ならびに総会における議決権を有さない。

日本平和学会
会長　黒田俊郎
事務局
　321-8505　宇都宮市峰町350
　宇都宮大学学術院・国際学部　清水研究室
　E-mail: office@psaj.org
　http://www.psaj.org/

国境を越える人びと［平和研究　第53号］
2019年12月30日　初版第1刷発行

編　者　日本平和学会
発行者　須　賀　晃　一
発行所　株式会社　早稲田大学出版部
　　　　169-0051　東京都新宿区西早稲田1-9-12
　　　　☎03-3203-1551
　　　　http://www.waseda-up.co.jp/
編集協力　有限会社アジール・プロダクション
印刷・製本　精文堂印刷株式会社

Ⓒ 2019　日本平和学会　　　　　Printed in Japan
ISBN978-4-657-19024-6
ISSN（国際標準逐次刊行物番号）0385-0749

平和研究バックナンバー

第1号 特集＝平和研究の方法／第2号 特集1＝平和価値，特集2＝平和教育／第3号 特集＝日本国憲法—国内体制と平和／第4号 特集1＝平和運動の理論と行動，特集2＝国連軍縮特別総会，特集3＝世界秩序の諸問題／第5号 特集1＝現代日本の平和保障，特集2＝現代日本の平和教育／第6号 特集1＝国際紛争の構造と解決，特集2＝アジア平和研究国際会議／第7号 特集1＝生活様式と平和，特集2＝平和教育学への展望，特集3＝非軍事化の探究／第8号 特集＝新国際軍事秩序を解剖する／第9号 特集1＝戦後史におけるヒロシマ・ナガサキ，特集2＝アジアの平和秩序のために，特集3＝平和研究の現段階と平和学の課題／第10号 特集1＝日本の"平和保障"を求めて，特集2＝平和と地域—アフリカの飢えと国際政治／第11号 特集1＝日本型管理社会と労働，特集2＝核時代の平和と第三世界，特集3＝アパルトヘイト／第12号 特集＝エスニシティ問題／第13号 特集1＝日本のODAを考える，特集2＝戦争体験から核軍縮へ／第14号 特集1＝言語政治学と平和の課題，特集2＝天皇・軍隊・戦争／第15号 特集＝科学と平和／第16号 特集＝グローバルデモクラシー／第17号 特集＝自治体の平和外交／第18号 特集＝冷戦後の平和研究／第19号 特集＝Peaceful Change—平和的改革へ／第20号 特集＝21世紀へのオールタナティブ—平和秩序を求めて／第21号 特集＝「持続可能な発展」と日本の選択／第22号 特集＝地球市民社会の安全保障—冷戦後平和秩序の条件／第23号 特集＝再び自律と平和—沖縄が提起する問題／第24号 特集＝いま日本の「国際貢献」を問う／第25号 特集＝20世紀の戦争と平和／第26号 特集＝新世紀の平和研究／第27号 特集＝「人間の安全保障」論の再検討／第28号 世界政府の展望／第29号 芸術と平和／第30号 人道支援と平和構築／第31号 グローバル化と社会的「弱者」／第32号 スピリチュアリティと平和（3200円）／第33号 国際機構と平和（3200円）／第34号 アジアにおける人権と平和（3200円）／第35号 「核なき世界」に向けて（3200円）／第36号 グローバルな倫理（2200円）／第37号 世界で最も貧しくあるということ（2200円）／第38号 体制移行期の人権回復と正義（2200円）／第39号 平和を再定義する（2200円）／第40号 「3・11」後の平和学（2200円）／第41号 戦争と平和の法的構想（2200円）／第42号 平和の主体論（2200円）／第43号 「安全保障」を問い直す（2200円）／第44号 地域・草の根から生まれる平和（2200円）／第45号 「積極的平和」とは何か（2200円）／第46号 東アジアの平和の再創造（2200円）／第47号 脱植民地化のための平和学（2200円）／第48号 科学技術の暴力（2200円）／第49号 信仰と平和（2200円）／第50号 平和研究と憲法（2200円）／第51号 平和と音（2200円）／第52号 平和教育といのち（2200円）

早稲田大学出版部刊（表示価格は本体価格。第1号～第29号は品切れ）